农业种养物种分类与编码

陈娉婷　罗治情　沈祥成◎主编

中国农业科学技术出版社

图书在版编目（CIP）数据

农业种养物种分类与编码 / 陈娉婷，罗治情，沈祥成主编. --北京：中国农业科学技术出版社，2021. 8

ISBN 978-7-5116-5430-4

Ⅰ. ①农… Ⅱ. ①陈… ②罗… ③沈… Ⅲ. ①农产品－分类－中国 ②农产品－编码－中国 Ⅳ. ①F762

中国版本图书馆 CIP 数据核字（2021）第 145689 号

责任编辑 倪小勋
责任校对 李向荣
责任印制 姜义伟　王思文

出 版 者 中国农业科学技术出版社
北京市中关村南大街12号　　邮编：100081
电　　话（010）82109707（编辑室）（010）82109702（发行部）
（010）82109709（读者服务部）
传　　真（010）82106626
网　　址 http：// www.castp.cn
经 销 者 各地新华书店
印 刷 者 北京建宏印刷有限公司
开　　本 170 mm×240 mm　1/16
印　　张 14.5
字　　数 230千字
版　　次 2021年8月第1版　　2021年8月第1次印刷
定　　价 55.00元

《农业种养物种分类与编码》

编委会

主编单位　湖北省农业科学院农业经济技术研究所

主　　编　陈娉婷　罗治情　沈祥成

副 主 编　官　波　马海荣　郑明雪

编写人员（按姓氏笔画排序）

王贵春　邓丹丹　邢美华　向　林　刘秀群
许　淼　严　辉　李　飞　李　佐　李姣姣
李　嵘　张月婷　陈　沫　庞宏东　夏立村
钱慧玲　徐　娥　唐艳平　屠　晶　程碧君
潘　峰

目　录

一、网络农业信息的分类现状

连续多年的“中央一号文件”关注农业信息化发展主题，党的十八大提出“四化”同步发展战略，把农业信息化和农业现代化提上了国家战略高度和重要议事日程。经过长期的科研和生产实践，我国已积累大量农业数据信息，并面向不同主体、针对多样化信息需求建立了信息系统和数据库，为农业信息化建设奠定了坚实的数据基础[1]。然而，由于农业种养物种分类和应用标准模糊，特别是诸如“特种经济动植物”的类别设置，使大家习惯性地将不知如何进行具体分类的农业种养物种归入其中，致使大量农业信息仍处于相对分散和无序的状态，影响了农业信息资源的共享，阻碍了我国农业信息化的发展[2]。因此，结合农业信息化应用特点，建立科学的农业信息分类标准，实现农业信息资源的高效整合，对促进我国农业信息化发展意义重大。

对于网络农业信息分类方法的探索，国内专家、学者在分类思想、原则和方法等方面进行了诸多先行研究，并取得一定学术成果。同时，各类涉农网站的创建，特别是国家级、省市级权威农业信息平台搭建，也为信息分类方法的应用提供了实践支持。通过对专家、学者所提出的网络农业信息分类体系和各类涉农网站所应用的农业信息分类方法进行分析，可以发现，网络农业信息的分类具有以下特点。

一是网络农业信息分类一般以相关领域的现行分类标准为参考。这些标准主要分为两个层级：国际标准，包括《商品名称及编码协调制度》（HS）、联合国的《主要产品分类》（CPC）、《标准产品和服务代码》（SPSC）和国际食品法典委员会（CAC）《食品和动物饲料分类》等标准；国家标准，包括《国民经济行业分类》（GB/T 4754—2011）、《中国图书馆分类法》《中国植物分类与代码》（GB/T 14467—1993）、《中国动物分类代码第1部分：脊椎动物》（GB/T 15628.1—2009）、《全国主要产品分类与代码》（GB/T 7635—2002）等。其中，以《国民经济行业分类》和《中国图书馆分类法》的应用最为广泛[3]。二是网络农业信息分类的分类方法趋同。网络农业信息的分类主要采取线分类法、面分类法和混合分类法。线分类法具有层次性好、逻辑性强和实用性高的特点，既符合手工处理信息的传统习惯，也方便计算机的运行处理。面分类法则具有扩充性强和结构弹性好的优点，不必预先确定好最后的分组，更符合计算机管理要求[4]。采用线面结合的混合分类法既避免了线分类法信息遗漏问题的产生，也克服了面分类法容量利用不充分、组配结构过于复杂、手工处理不方便的缺点，先将网络农业信息按照行业分类，再按信息内容的属性进行分类，更符合一般查找习惯和进行数据系统管理的需要。三是现有网络农业信息分类的相同类目较多。农业科技信息、种植业、养殖业、林业、水产渔业、农产品加工、行业资讯、农业经济和政策法规9大类目占到现行网络农业信息分类总类目的90%以上。类目的相似度高，也客观反映出了用户对农业信息在总体需求上的趋同。

以上特点表明，现阶段网络农业信息分类体系正在逐步走向成熟，不但拥有一套认同度较高的基本分类方法，其类目设置也更符合用户对农业信息的实际需求。但是，由于整体规划和网络信息标准化工作的滞后，到目前为止，仍没能形成一个得到广泛认可、科学且系统的信息分类体系，用以满足网络农业信息管理和应用的需要。统一分类标准的缺失，直接表现为农业信息在各级类目设置上的随意性，这种随意性不但容易引发信息遗漏的风险，还易导致类目之间逻辑关系的混乱[5]。因此，必须找出一条清晰的逻辑主线，对所需分类的网络农业信息进行刻画，进而建立一个统一的网络农业信息分类体系。

搭建湖北省农业产业信息公共服务平台的实践表明，将农业信息分类工作转变为农业种养物种信息分类工作，以农业种养物种为核心，以农业产业链条为主线，对农业信息进行整合，是明晰农业信息边界，建立以物种分类为基础的农业信息分类体系的有效途径。其中，如何充分考虑互联网信息应用的鲜明特点，结合农业信息化应用的具体要求，进行基于互联网应用的农业种养物种分类体系构建是关键。

二、现阶段农业种养物种分类存在的问题

（一）农业各行业的物种分类自成体系、标准不一

本书所指农业种养物种包括农、林、牧、渔四大行业所涉及的所有物种。目前，我国农业各行业分管机构的设置相对独立，而每个机构往往只重点针对本行业所涉及物种进行收集、整理和归类。同时，在物种分类过程中，农业各行业分管机构之间缺乏协调合作机制，导致物种分类工作呈现出各自为政的局面，各行业所建立的分类体系缺乏关联性。此外，统一分类标准的缺失，致使各行业所建立的农业种养物种分类体系无法实现有效融合[6]。以蔬菜和果树的现行分类体系为例，蔬菜行业按农业生物学特性将蔬菜分为白菜类、根菜类、绿叶菜类、葱蒜类和茄果类等12大类[7]；果树行业按果实结构的生物学特性将果树分为仁果类、核果类、坚果类、聚复果类和荚果类等8大类[8]。两个分类体系采用了两种完全不同的分类标准，若想将这两个分类体系进行整合，只能在统一标准后再重新进行分类，才能保证整个分类体系的系统性。

（二）现有农业种养物种分类体系的网络环境适用性较差

传统农业种养物种分类参考生物分类标准，主要是根据物种的相似程度（包括形态结构和生理功能等方面特征），把农业种养物种划分为种和属等不同的等级，并对每一类群的形态结构和生理功能等特征进行科学的描述，以弄清不同类群之间的亲缘关系和进化关系，对做好农业科研工作帮助较大。然而，在互联网环境中，强调信息之间的关联性，要求能够通过某一关键词或者信息特征方便、快捷地获取特定信息以及与信息相关的海量数据。显然，庞大、系统、专业的传统农业种养物种分类体系无法满足互联网通俗、易懂、便于检索的应用要求。

（三）现有农业种养物种分类体系的物种命名有待规范

在前人研究的分类体系和国家标准中，还没有人对农业种养物种的命名规则进行规范研究。农业种养物种名称存在俗名和学名混用，同物异名和同

名异物的状况十分严重。比如粟在《中国植物志》的中文名称为粟，拉丁名为*Setaria italica*（L.）Beauv.，在中国北方俗称谷子，又可叫为小米。站在不同的认知角度，这三个名称都是对的。同时，变种和物种分辨不清也是一个严重的问题。以蔬菜行业为例，很多人认为花椰菜和青花菜是两个物种，其实它们是甘蓝*Brassica oleracea* L.的两个变种。此外，由于人类长期驯化培育，动物类的品种品系越来越多且亲系来源繁杂，有来自自然杂交，有属于自身变异，有的来源甚至连培育者本人都不是非常清楚，这也给农业种养物种命名的规范化带来了阻碍。在农业产业信息化过程中，农业种养物种命名混乱会造成各涉农主体对信息理解的偏差，影响信息的传递和提供应用，制约了农业产业信息化的发展。

三、农业种养物种分类与编码描述规范和制定原则及方法

（一）分类原则

针对以上现行分类体系存在的问题，充分考虑农业信息内容、信息管理和信息需求特点，借鉴现有农业信息分类经验，提出了一种既满足网络信息资源检索需要，又适用于农业产业信息化应用的农业种养物种分类方法。体系在构建过程中主要遵循以下原则：一是科学性原则，要求以信息内容最稳定的本质属性和特征为分类基础和依据。二是系统性原则，要求将选定的信息属性和特征按一定规则进行归类、整理和排列，形成具有较强逻辑主线的分类体系。三是规范性原则，要求分类符合国际、国家、地方和相关行业的规范性文件要求。四是兼容性原则，要考虑各个涉农主体的使用习惯，最大程度涵盖现有分类类目。五是可延展性原则，要设置或预留足够的类目，保证新物种或品种出现时已建分类体系和结构的完整。六是易用性原则，要求分类体系不能太复杂、专业性过强，应简单且容易理解，充分满足互联网用户易浏览、便检索的使用要求，便于数据挖掘和知识发现。

（二）分类方法

根据农业种养物种信息分类体系构建原则，考虑互联网和农业产业信息化应用特点，采用线面结合的分类法，将农业生产中涉及的物种划分为7个等级：2个大类，31个中类，57个小类，若干个细类，第5、6、7级分别为科类、属类和物种名称（图1）。

大类设两个类目，即动物类和植物类。农业领域内涵广泛，为了最大限度地包含所有农业种养物种，并给以后增加新的类目留下足够逻辑空间，本分类体系借鉴生物分类学中植物界和动物界的概念，将大类设为植物类和动物类，既具备科学性，又满足通俗易懂的要求。

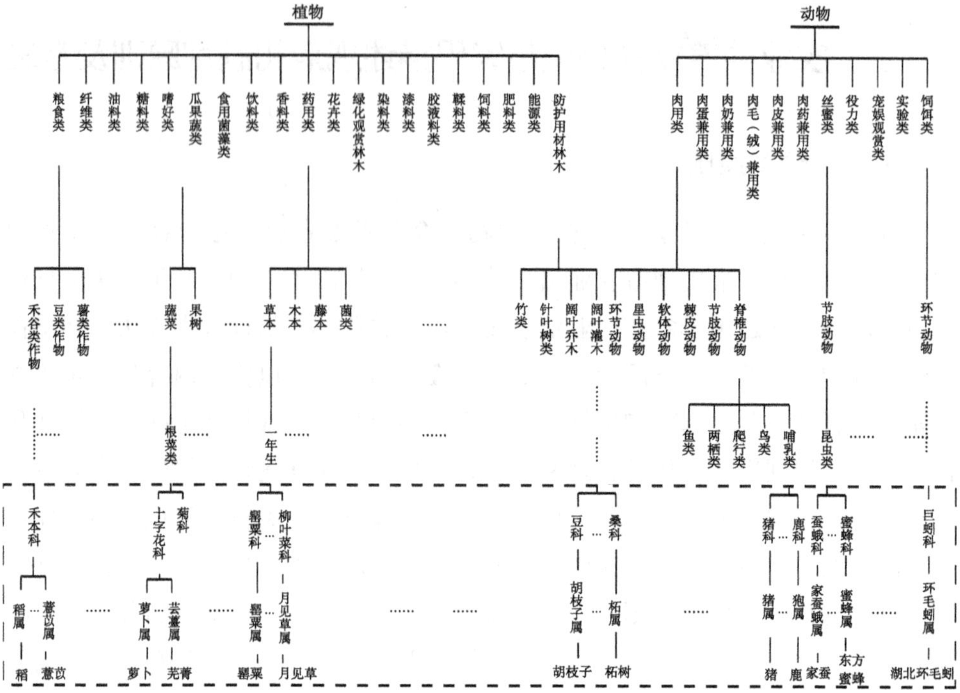

图1 物种分类总体框架

中类设31个类目，以物种所能生成农产品的主要经济用途为参考，确定中类类目名称。由粮食类、纤维类、油料类、糖料类、嗜好类和瓜果蔬菜类等20个用途类目共同构成植物类；由肉用类、肉蛋兼用类、肉奶兼用类、役力类和饲料类等11个用途类目共同构成动物类。以农产品经济用途为划分依据，主要出于以下几点考虑：第一，农产品只有具有一定的经济价值，各涉农主体才会对其相关信息产生兴趣，并进行检索。第二，各涉农主体一般都是带着某种目的进行信息查询，按经济用途进行细分，能够帮助其准确定位所需信息的所处类别。第三，通过明确农产品的经济用途，能更好体现对应农业种养物种在产业链中的价值，方便围绕物种进行相关信息的整合和利用。

小类和细类分别参照《中国植物志》和《中国动物志》中门和纲这两个阶元的名称来命名。设置这两个层级，是为了在类目上与各农业行业的分类习惯保持一致。

科和属类分别参照《中国植物志》和《中国动物志》中科和属这两个阶元的名称来命名。设置这两个层级，主要是为了保证物种信息检索结果的关联性。以“猪”这一物种的检索为例，猪属下包含有“猪”和“香猪”两个物种，当以“猪”为关键词进行查询时，“猪”和“香猪”都会作为查询结果显示。

物种名称参照《中国植物志》和《中国动物志》中种这一阶元的名称来命名。设置这一层级，是为了规范农业行业的物种命名规则，实现信息的无障碍共享。

（三）农业种养物种编码设计

信息编码（Information Coding）是为了方便信息的存储、检索和使用，在进行信息处理时赋予信息元素以代码的过程。常见的代码有两类，一类是为了便于分类处理而赋予代码一定的实际意义，称为有意义的代码；另外一类则是为了便于对信息的操作，仅仅是赋予信息元素唯一的代号，称为无意义的代码。常用的代码类型有顺序码、区间码、记忆码等。顺序码简明、易用，并且能够快速赋予信息元素代码值，故在本文中选择使用顺序码。农业种养物种分类代码结构见图2。

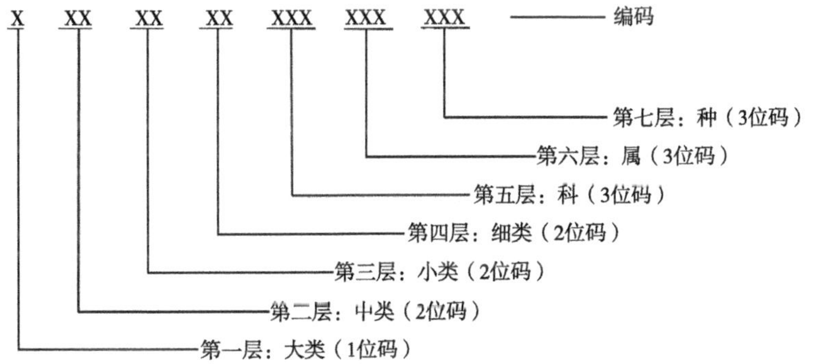

图2　农业种养物种分类代码结构

本书的信息元素，即编码对象，是物种的分类以及物种本身的数据元素集合。例如编码Z01的对象是植物下的粮食类。在确定了编码对象之后，就要制定编码、分层和各码位的规范取值规则，对每一编码对象制定码长。

根据本书分类体系的特点，采用16位的定长码。第一层用英文字母表示，取分类文字汉语拼音的第一个字母作为编码的号码，即“Z”表示植物，“D”表示动物；第二、三、四层均采用2位数字的定长码，即用数字01 ~ 99表示，各码位代表相应的类别或属性；第五、六、七层为物种代码，使用

001～999表示。除第一层外，每一层的编码采用数字顺序编码，动态递增产生系列顺序代码号，随着编码的增加而产生新的类别代码和物种代码。

最后，根据上述规则编制分类体系代码表，即按既定的编码规则对所有编码对象进行编码，编制出本书分类体系中所有信息元素的取值表（表1）。

表1　农业种养物种分类代码

代码							名称
大类	中类	小类	细类	科	属	物种	
Z							植物
	01						粮食类
		01					禾谷类
			01				
				001			禾本科
					001		稻属
						001	稻
…	…	…	…	…	…	…	…

四、农业种养物种分类和编码标准体系的应用

农业种养物种分类和编码标准体系主要应用于农业信息数据的采集和分类、农业信息服务产品的开发和应用以及农业信息资源的整合与共享三个方面。

（1）有利于农业信息数据采集和分类标准的统一。建立标准统一且能够体现信息之间关联性的信息分类和编码体系，是实现农业信息资源科学管理和高效利用的基础。本书基于互联网特点和农业产业信息化应用要求，提出了农业种养物种分类和编码标准体系，不仅统一了农业信息数据的采集标准，提高了农业信息资源的采集效率；更统一了农业信息资源的分类思路，促进了农业信息资源的有效整合。

（2）有利于农业信息服务产品的开发和应用推广。农业种养物种分类和编码标准体系涵盖了农业领域内的所有物种，为农业信息服务产品开发提供海量的数据支持。同时，农业种养物种分类和编码标准体系的建立，实现了农业种养物种信息分类和编码的标准化，既满足了数据存储和多检索方式查询的要求，也为农业信息服务产品的应用和推广创造有利条件。

（3）有利于农业信息资源的整合与共享。农业种养物种分类与编码标准体系研究属于农业信息标准化的基础性研究，是实现国内农业信息资源共享和与国际标准接轨必不可少的基础性工作，对推动农业产业信息化、发展现代农业具有重要意义。同时，农业种养物种分类与编码也是实现农业信息标准化采集、加工、传递、存储、发布和检索的重要技术，在增强农业信息资源的共享性和可利用性，提高农业信息资源的开发质量和效益，实现农业信息资源高效整合等方面发挥着重要作用。

五、展　望

标准化一直被认为是实现信息有效处理、交换、管理以及消除技术壁垒的有效手段，建立一个标准体系更是一项长期、艰巨、复杂、基础且至关重要的系统性工程。本文提出的农业种养物种分类和编码标准体系，基于农业产业信息服务公共平台的开发实践，充分体现科学性、系统性、规范性、兼容性、可延展性和易用性原则，注重理论和实践应用的结合，是湖北省农业科学院多年农业产业信息化建设、研究和服务工作的智慧结晶。通过对农业种养物种分类和编码标准体系的研究，试图编制一个基于互联网特点和农业产业信息化应用的农业种养物种分类标准和规范，期待有关部门能够对提出的标准体系建设草案做进一步讨论，使之成为国家农业产业信息化建设的标准之一，并通过政策法规、政府规章或者规范性文件等方式加快标准体系的应用推广，使全国各地区、各层级的农业产业信息化工作有章可循，进而促进我国农业产业信息化建设的加速发展。

参考文献

［1］ 杨林．国家农业技术信息分类编码标准体系构建研究[J]．中国标准化，2006（12）：13-16.

［2］ 王健，甘国辉．多维农业信息分类体系[J]．农业工程学报，2004，20（4）：152-156.

［3］ 罗德一．农业网络信息分类体系初探[J]．农业图书情报学刊，2010（22）：84-87.

［4］ 施国良．国内外分面分类法基本理论述评[J]．图书馆学研究，2008（12）：2-5.

［5］ 李翠霞．网络中农业信息资源合理管理的研究[J]．农业图书情报学刊，2004（15）：56-58.

［6］ 赵苹．我国农业信息的标准化建设[J]．管理世界，2002（5）：88-94.

［7］ 张振贤．蔬菜栽培学[M]．北京：中国农业出版社，2003.

［8］ 郗荣庭．果树栽培学总论[M]．3版．北京：中国农业出版社，1999.

附　录　基于农业信息化应用的农业种养物种分类与编码（DB 1473—2018）

前　言

本标准按照GB/T 1.1—2009给出的规则起草。

本标准由湖北省农业科学院提出并归口。

本标准起草单位：湖北省农业科学院农业经济技术研究所、湖北农村信息宣传中心。

本标准主要起草人：沈祥成、陈娉婷、罗治情、许淼、官波、吴亚玲。

引　言

随着我国农业信息化的迅速发展，现有的农业信息标准体系已经不能满足农业各行业和涉农主体对农业信息的需求，而我国已颁布的国家和行业标准中没有类似标准可以依据和使用。本单位项目组在多年的农业信息化研究和实践的基础上，收集整理了大量农业种养物种信息，为满足湖北省乃至同行业农业信息化应用的需要，建立起一个可供各部门使用，并与国际通行物种目录相协调的农业种养物种分类编码标准体系。

本标准的提出和编制，是基于农业信息化领域的一项基础性标准应用。本标准的颁布与实施，对搭建农业信息服务云平台、统一农业基础信息标准、提高农产品数据统计的准确性和与国际农产品数据可比性、加强农业生产现代化管理和监督及物资仓储和流通领域的信息化、推动农业技术可持续发展和农产品生产过程监管、对实现农业信息网络化服务、建立立体式无边界协作的新型产业生态圈具有重要意义。特制定本标准。

《中国植物物种分类与代码》和《中国动物物种分类代码》等国家标准都沿用的国际生物分类学的界、门、纲、目、科、属、种的分类方法，对于农业信息化应用领域而言，大多数涉农企业和农户都看不懂也不会用。因此，本标准在参考了NY/T 1741—2009《蔬菜名称及计算机编码》、NY/T 1940—2010《热带水果分类和编码》、NY/T 2636—2014《温带水果分类和编码》、SB/T 10029—2012《新鲜蔬菜分类与代码》、SB/T 11024—2013《新鲜水果分类与代码》、SC/T 3044—2014《养殖水产品追溯编码规程》等行业标准和《中国生物物种名录》《中国植物志》《中国药典》《中国大型真菌图鉴》《中国蔬菜品种志》《中国花卉品种分类学》等权威书籍的基础上，为满足湖北省及同领域农业信息化工作的需要，建立了以农业物种为核心，以农业产业链条为主线的农业种养物种分类与编码体系。

本标准的分类编码体系为层次结构，有七层十六位代码组成：第一层有2个大类，植物类和动物类，植物类下分20个中类，共收集1 766个物种；动物类下分11个中类，共收集575个物种。

1　范围

本标准规定了农业种养物种信息化分类与编码的分类原则、分类方法、分类与编码方法、分类与编码表。

本标准适用于湖北省农业信息化领域的农业种养物种信息的采集和分析，全国相似地区可以参考使用。

本标准不适用于生物学分类。

2　规范性引用文件

下列文件对于本文件的应用是必不可少的。凡是注日期的引用文件，仅所注日期的版本适用于本文件。凡是不注日期的引用文件，其最新版本（包括所有的修改单）适用于本文件。

GB/T 7027　信息分类和编码的基本原则与方法

GB/T 10113　分类与编码通用术语

3 术语和定义

GB/T 10113—2003界定的以及下列术语和定义适用于本文件。

3.1 农业种养物种 agricultural plants and animals

农业种植、养殖的相关物种。

3.2 信息化分类与编码 classification and code for informatization

按照农业信息化领域的特点，建立分类与编码的规则。

3.3 大类 category

按照瑞典生物学家林奈的两届分类系统建立的植物类和动物类类别。

3.4 中类 class

是大类中按照农业学科基于生产实践中物种的生物特性划分成若干分支的类群。

3.5 小类 sub-class

是中类中按照生物学科和农业学科相结合分类法细分成的若干分支类群。

3.6 细类 products

是小类中再细分出的按照生物学分类法食用器官或其他共同特征划分的若干类群。

3.7 科 family

是细类中按照生物学分类法的科级分类划分类群。

3.8 属 genus

是按照生物学分类法的属级分类划分类群。

3.9 种 species

是本分类体系的基本单元，是农业种植、养殖物种（含亚种等）。

4 分类原则

按照科学性、系统性、规范性、兼容性、可延展性、易用性原则，以农业种养物种的经济用途为主要分类依据，同时考虑农业信息化领域的特点，网络农业信息资源管理、共享和开发的需要和综合现有的农业种养物种分类的特点进行分类。

5　分类方法

采用线面结合的分类法，将农业种养物种划分为7个等级：2个大类，植物和动物；31个中类，57个小类，若干个细类，中类、小类和细类主要参考各个行业的实际应用中使用最广泛的分类方法；最末尾的三级分类，5、6、7级是科类、属类和物种名称。

6　分类与编码方法

6.1　类目层次设置

农业种养物种按一级分类（大类）、二级分类（中类）、三级分类（小类）、四级分类（细类）、五级分类（科）、六级分类（属）、七级分类（种）分为7级（附图1）。

6.2　编码设置

采用字母和数字混合型编码，用1个英文字母14位阿拉伯数字表示。第一层用字母Z、D表示，第二、第三、第四层编码为01～99，第五、第六、第七层编码为001～999，均采用顺序码。

6.3　编码结构

分类编码结构见附图1。

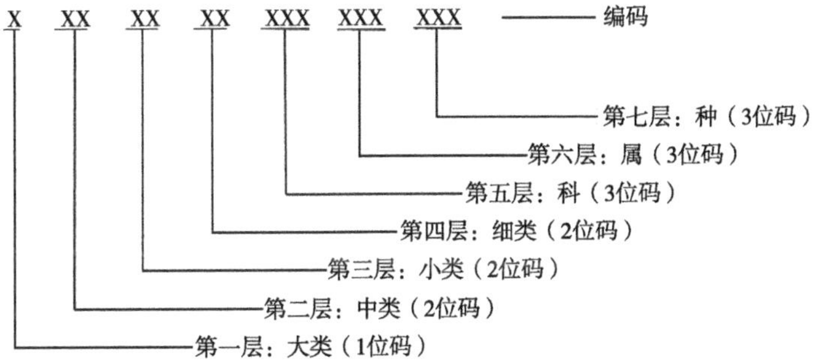

附图1　编码结构

6.4 使用说明

在标准使用中，附表1以稻为使用示例。

附表1 分类与编码使用示例

代码							名称
大类	中类	小类	细类	科	属	种	
Z							植物类
	01						粮食类
		01					禾谷类
			01				
				001			禾本科
					001		稻属
						001	稻
…	…	…	…	…	…	…	…

7 分类与编码表

7.1 分类与编码简表

分类的第一层和第二层分类类目与编码见附录A。

7.2 分类与编码表

分类编码表见附录B。

附录A（资料性附录）
农业种养物种信息化分类体系一级、二级编码表

附表A.1给出了农业种养物种分类体系一级、二级编码。

附表A.1　物种分类一级、二级编码

序　号	名　称	编　码
一、植物类		Z
1	粮食类	Z 01
2	纤维类	Z 02
3	油料类	Z 03
4	糖料类	Z 04
5	嗜好类	Z 05
6	瓜果蔬类	Z 06
7	食用菌藻类	Z 07
8	饮料类	Z 08
9	香料类	Z 09
10	药用类	Z 10
11	花卉类	Z 11
12	绿化观赏林木	Z 12
13	染料类	Z 13
14	漆料类	Z 14
15	胶液料类	Z 15
16	鞣料类	Z 16
17	饲料类	Z 17
18	肥料类	Z 18

（续表）

序　号	名　称	编　码
19	防护用材林木	Z 19
20	能源类	Z 20
二、动物类		D
21	肉用类	D 01
22	肉蛋兼用类	D 02
23	肉奶兼用类	D 03
24	肉毛（绒）兼用类	D 04
25	肉皮兼用类	D 05
26	肉药兼用类	D 06
27	丝蜜类	D 07
28	役力类	D 08
29	宠娱观赏类	D 09
30	实验类	D 10
31	饲饵类	D 11

附录B（资料性附录）
农业种养物种信息化分类与编码表

附表B.1给出了农业种养物种分类与编码。

附表B.1　物种分类与编码

物种名称	代　码	拉丁名	别　名
植物类	Z		
粮食类	Z 01		
禾谷类	Z 01 01		
	Z 01 01 01		
禾本科	Z 01 01 01 001		
稻属	Z 01 01 01 001 001		
稻	Z 01 01 01 001 001 001	*Oryza sativa*	水稻
大麦属	Z 01 01 01 001 002		
大麦	Z 01 01 01 001 002 001	*Hordeum vulgare*	
青稞	Z 01 01 01 001 002 002	*Hordeum vulgare* var. *nudum*	裸大麦
小麦属	Z 01 01 01 001 003		
小麦	Z 01 01 01 001 003 001	*Triticum aestivum*	麦子
黑麦属	Z 01 01 01 001 004		
小黑麦	Z 01 01 01 001 004 001	*Secale sylvestre*	
黑麦	Z 01 01 01 001 004 002	*Secale cereale*	
玉蜀黍属	Z 01 01 01 001 005		
玉米	Z 01 01 01 001 005 001	*Zea mays*	包谷
高粱属	Z 01 01 01 001 006		
高粱	Z 01 01 01 001 006 001	*Sorghum bicolor*	

（续表）

物种名称	代码	拉丁名	别名
狗尾草属	Z 01 01 01 001 007		
粟	Z 01 01 01 001 007 001	*Setaria italica* var. *germanica*	小米
黍属	Z 01 01 01 001 008		
稷	Z 01 01 01 001 008 001	*Panicum miliaceum*	
燕麦属	Z 01 01 01 001 009		
燕麦	Z 01 01 01 001 009 001	*Avena sativa*	
莜麦	Z 01 01 01 001 009 002	*Avena chinensis*	裸燕麦
薏苡属	Z 01 01 01 001 010		
薏苡	Z 01 01 01 001 010 001	*Coix lacryma-jobi*	薏米、薏仁
蓼科	Z 01 01 01 002		
荞麦属	Z 01 01 01 002 001		
荞麦	Z 01 01 01 002 001 001	*Fagopyrum esculentum*	甜荞
豆类	Z 01 02		
	Z 01 02 01		
豆科	Z 01 02 01 001		
豇豆属	Z 01 02 01 001 001		
赤豆	Z 01 02 01 001 001 001	*Vigna angularis*	红豆
绿豆	Z 01 02 01 001 001 002	*Vigna radiata*	
野豌豆属	Z 01 02 01 001 002		
蚕豆	Z 01 02 01 001 002 001	*Vicia faba*	罗汉豆
大豆属	Z 01 02 01 001 003		
大豆	Z 01 02 01 001 003 001	*Glycine max*	黄豆
薯类	Z 01 03		
	Z 01 03 01		
薯蓣科	Z 01 03 01 001		

（续表）

物种名称	代　码	拉丁名	别　名
薯蓣属	Z 01 03 01 001 001		
甘薯	Z 01 03 01 001 001 001	*Dioscorea esculenta*	红薯、地瓜
大戟科	Z 01 03 01 002		
木薯属	Z 01 03 01 002 001		
木薯	Z 01 03 01 002 001 001	*Manihot esculenta*	
纤维类	Z 02		
棉类	Z 02 01		
	Z 02 01 01		
锦葵科	Z 02 01 01 001		
棉属	Z 02 01 01 001 001		
陆地棉	Z 02 01 01 001 001 001	*Gossypium hirsutum*	大陆棉、棉花
海岛棉	Z 02 01 01 001 001 002	*Gossypium barbadense*	长绒棉
麻类	Z 02 02		
	Z 02 02 01		
锦葵科	Z 02 02 01 001		
苘麻属	Z 02 02 01 001 001		
苘麻	Z 02 02 01 001 001 001	*Abutilon theophrasti*	
木槿属	Z 02 02 01 001 002		
洋麻	Z 02 02 01 001 002 001	*Hibiscus cannabinus*	
亚麻科	Z 02 02 01 002		
亚麻属	Z 02 02 01 002 001		
亚麻	Z 02 02 01 002 001 001	*Linum usitatissimum*	胡麻
椴树科	Z 02 02 01 003		
黄麻属	Z 02 02 01 003 001		
黄麻	Z 02 02 01 003 001 001	*Corchorus capsularis*	

（续表）

物种名称	代　码	拉丁名	别　名
荨麻科	Z 02 02 01 004		
荨麻属	Z 02 02 01 004 001		
荨麻	Z 02 02 01 004 001 001	*Urtica fissa*	蜇人草
苎麻属	Z 02 02 01 004 002		
苎麻	Z 02 02 01 004 002 001	*Boehmeria nivea*	
梧桐科	Z 02 02 01 005		
山芝麻属	Z 02 02 01 005 001		
山芝麻	Z 02 02 01 005 001 001	*Helicteres angustifolia*	山油麻
棕榈科	Z 02 02 01 006		
省藤属	Z 02 02 01 006 001		
白藤	Z 02 02 01 006 001 001	*Calamus tetradactylus*	鸡藤
其他纤维	Z 02 03		
	Z 02 03 01		
禾本科	Z 02 03 01 001		
甘蔗属	Z 02 03 01 001 001		
斑茅	Z 02 03 01 001 001 001	*Saccharum arundinaceum*	
芦苇属	Z 02 03 01 001 002		
芦苇	Z 02 03 01 001 002 001	*Phragmites australis*	
芦竹属	Z 02 03 01 001 003		
芦竹	Z 02 03 01 001 003 001	*Arundo donax*	江苇
慈竹属	Z 02 03 01 001 004		
慈竹	Z 02 03 01 001 004 001	*Neosinocalamus affinis*	
豆科	Z 02 03 01 002		
胡枝子属	Z 02 03 01 002 001		
胡枝子	Z 02 03 01 002 001 001	*Lespedeza bicolor*	

（续表）

物种名称	代　码	拉丁名	别　名
锦葵科	Z 02 03 01 003		
秋葵属	Z 02 03 01 003 001		
黄葵	Z 02 03 01 003 001 001	*Abelmoschus moschatus*	
棕榈科	Z 02 03 01 004		
棕榈属	Z 02 03 01 004 001		
棕榈	Z 02 03 01 004 001 001	*Trachycarpus fortunei*	棕树
杨柳科	Z 02 03 01 005		
柳属	Z 02 03 01 005 001		
杞柳	Z 02 03 01 005 001 001	*Salix integra*	
榆科	Z 02 03 01 006		
青檀属	Z 02 03 01 006 001		
青檀	Z 02 03 01 006 001 001	*Pteroceltis tatarinowii*	檀树
瑞香科	Z 02 03 01 007		
瑞香属	Z 02 03 01 007 001		
黄瑞香	Z 02 03 01 007 001 001	*Daphne giraldii*	
萝藦科	Z 02 03 01 008		
萝藦属	Z 02 03 01 008 001		
萝藦	Z 02 03 01 008 001 001	*Metaplexis japonica*	
油料类	Z 03		
	Z 03 01		
	Z 03 01 01		
大戟科	Z 03 01 01 001		
蓖麻属	Z 03 01 01 001 001		
蓖麻	Z 03 01 01 001 001 001	*Ricinus communis*	
棕榈科	Z 03 01 01 002		

（续表）

物种名称	代　码	拉丁名	别　名
油棕属	Z 03 01 01 002 001		
油棕	Z 03 01 01 002 001 001	*Elaeis guineensis*	油椰子
胡麻科	Z 03 01 01 003		
胡麻属	Z 03 01 01 003 001		
芝麻	Z 03 01 01 003 001 001	*Sesamum indicum*	
十字花科	Z 03 01 01 004		
芸薹属	Z 03 01 01 004 001		
油菜	Z 03 01 01 004 001 001	*Brassica campestris*	油白菜、芸薹
菊科	Z 03 01 01 005		
向日葵属	Z 03 01 01 005 001		
向日葵	Z 03 01 01 005 001 001	*Helianthus annuus*	葵花
楝科	Z 03 01 01 006		
山楝属	Z 03 01 01 006 001		
山楝	Z 03 01 01 006 001 001	*Aphanamixis polystachya*	
肉豆蔻科	Z 03 01 01 007		
风吹楠属	Z 03 01 01 007 001		
风吹楠	Z 03 01 01 007 001 001	*Horsfieldia glabra*	
糖料类	Z 04		
	Z 04 01		
	Z 04 01 01		
禾本科	Z 04 01 01 001		
高粱属	Z 04 01 01 001 001		
甜高粱	Z 04 01 01 001 001 001	*Sorghum dochna*	甜秆、糖高粱
甘蔗属	Z 04 01 01 001 002		
甘蔗	Z 04 01 01 001 002 001	*Saccharum officinarum*	糖蔗

（续表）

物种名称	代 码	拉丁名	别 名
棕榈科	Z 04 01 01 002		
糖棕属	Z 04 01 01 002 001		
糖棕	Z 04 01 01 002 001 001	*Borassus flabellifer*	
菊科	Z 04 01 01 003		
甜叶菊属	Z 04 01 01 003 001		
甜叶菊	Z 04 01 01 003 001 001	*Stevia rebaudiana*	甜菊
槭树科	Z 04 01 01 004		
槭属	Z 04 01 01 004 001		
糖槭	Z 04 01 01 004 001 001	*Acer saccharum*	糖枫、美洲糖槭
藜科	Z 04 01 01 005		
甜菜属	Z 04 01 01 005 001		
甜菜	Z 04 01 01 005 001 001	*Beta vulgaris*	忝菜
嗜好类	Z 05		
	Z 05 01		
	Z 05 01 01		
茄科	Z 05 01 01 001		
烟草属	Z 05 01 01 001 001		
烟草	Z 05 01 01 001 001 001	*Nicotiana tabacum*	烟叶
瓜果蔬类	Z 06		
蔬菜类	Z 06 01		
根菜类	Z 06 01 01		
十字花科	Z 06 01 01 001		
萝卜属	Z 06 01 01 001 001		
萝卜	Z 06 01 01 001 001 001	*Raphanus sativus*	

（续表）

物种名称	代 码	拉丁名	别 名
芸薹属	Z 06 01 01 001 002		
芜菁	Z 06 01 01 001 002 001	*Brassica rapa*	
芜菁甘蓝	Z 06 01 01 001 002 002	*Brassica napobrassica*	
菊科	Z 06 01 01 002		
牛蒡属	Z 06 01 01 002 001		
牛蒡	Z 06 01 01 002 001 001	*Arctium lappa*	
伞形科	Z 06 01 01 003		
胡萝卜属	Z 06 01 01 003 001		
胡萝卜	Z 06 01 01 003 001 001	*Daucus carota* var. *sativa*	
欧防风属	Z 06 01 01 003 002		
美洲防风	Z 06 01 01 003 002 001	*Pastinaca ativa*	芹菜萝卜
薯芋类	Z 06 01 02		
豆科	Z 06 01 02 001		
葛属	Z 06 01 02 001 001		
葛	Z 06 01 02 001 001 001	*Pueraria lobata*	葛根
豆薯属	Z 06 01 02 001 002		
豆薯	Z 06 01 02 001 002 001	*Pachyrhizus erosus*	凉薯
薯蓣科	Z 06 01 02 002		
薯蓣属	Z 06 01 02 002 001		
山药	Z 06 01 02 002 001 001	*Dioscorea opposita*	薯蓣、淮山
菊科	Z 06 01 02 003		
向日葵属	Z 06 01 02 003 001		
菊芋	Z 06 01 02 003 001 001	*Helianthus tuberosus*	洋姜
茄科	Z 06 01 02 004		
茄属	Z 06 01 02 004 001		

（续表）

物种名称	代　码	拉丁名	别　名
马铃薯	Z 06 01 02 004 001 001	*Solanum tuberosum*	土豆
天南星科	Z 06 01 02 005		
芋属	Z 06 01 02 005 001		
芋	Z 06 01 02 005 001 001	*Colocasia esculenta*	芋头
魔芋属	Z 06 01 02 005 002		
魔芋	Z 06 01 02 005 002 001	*Amorphophallus rivieri*	鬼芋
姜科	Z 06 01 02 006		
姜属	Z 06 01 02 006 001		
姜	Z 06 01 02 006 001 001	*Zingiber officinale*	
唇形科	Z 06 01 02 007		
水苏属	Z 06 01 02 007 001		
草石蚕	Z 06 01 02 007 001 001	*Stachys sieboldii*	甘露子、地蚕
葱蒜类	Z 06 01 03		
百合科	Z 06 01 03 001		
葱属	Z 06 01 03 001 001		
大葱	Z 06 01 03 001 001 001	*Allium fistulosum* var. *giganteum*	葱
洋葱	Z 06 01 03 001 001 002	*Allium cepa*	葱头
韭菜	Z 06 01 03 001 001 003	*Allium tuberosum*	
蒜	Z 06 01 03 001 001 004	*Allium sativum*	大蒜
火葱	Z 06 01 03 001 001 005	*Allium ascalonicum*	胡葱
细香葱	Z 06 01 03 001 001 006	*Allium schoenoprasum*	北葱
薤白	Z 06 01 03 001 001 007	*Allium macrostemon*	小根蒜
藠头	Z 06 01 03 001 001 008	*Allium chinense*	荞头
分葱	Z 06 01 03 001 001 009	*Allium fistulosum* var. *caespitosum*	四季葱

（续表）

物种名称	代　码	拉丁名	别　名
楼葱	Z 06 01 03 001 001 010	*Allium fistulosum* var. *viviparum*	龙爪葱
韭葱	Z 06 01 03 001 001 011	*Allium porrum*	扁葱
沙葱	Z 06 01 03 001 001 012	*Allium mongolicum*	蒙古韭
芥菜类	Z 06 01 04		
十字花科	Z 06 01 04 001		
芸薹属	Z 06 01 04 001 001		
芥菜	Z 06 01 04 001 001 001	*Brassica juncea*	
甘蓝类	Z 06 01 05		
十字花科	Z 06 01 05 001		
芸薹属	Z 06 01 05 001 001		
甘蓝	Z 06 01 05 001 001 001	*Brassica oleracea*	卷心菜、包菜
青花菜	Z 06 01 05 001 001 002	*Brassica oleracea* var. *italica*	西兰花
花椰菜	Z 06 01 05 001 001 003	*Brassica oleracea* var. *botrytis*	白菜花、花菜
芥蓝	Z 06 01 05 001 001 004	*Brassica alboglabra*	
白菜类	Z 06 01 06		
十字花科	Z 06 01 06 001		
芸薹属	Z 06 01 06 001 001		
大白菜	Z 06 01 06 001 001 001	*Brassica pekinensis*	白菜
小白菜	Z 06 01 06 001 001 002	*Brassica chinensis*	青菜
菜薹	Z 06 01 06 001 001 003	*Brassica parachinensis*	菜心
乌塌菜	Z 06 01 06 001 001 004	*Brassica narinosa*	塌菜
绿叶菜类	Z 06 01 07		
豆科	Z 06 01 07 001		
苜蓿属	Z 06 01 07 001 001		
菜苜蓿	Z 06 01 07 001 001 001	*Medicago polymorpha*	金花菜

（续表）

物种名称	代　码	拉丁名	别　名
锦葵科	Z 06 01 07 002		
锦葵属	Z 06 01 07 002 001		
冬寒菜	Z 06 01 07 002 001 001	*Malva crispa*	冬苋菜
十字花科	Z 06 01 07 003		
荠属	Z 06 01 07 003 001		
荠菜	Z 06 01 07 003 001 001	*Capsella bursa-pastoris*	
菊科	Z 06 01 07 004		
茼蒿属	Z 06 01 07 004 001		
茼蒿	Z 06 01 07 004 001 001	*Chrysanthemum coronarium*	
莴苣属	Z 06 01 07 004 002		
莴苣	Z 06 01 07 004 002 001	*Lactuca sativa*	莴笋
菊三七属	Z 06 01 07 004 003		
紫背菜	Z 06 01 07 004 003 001	*Gynura bicolor*	红凤菜
苦荬菜属	Z 06 01 07 004 004		
苦荬菜	Z 06 01 07 004 004 001	*Ixeris polycephala*	
菊苣属	Z 06 01 07 004 005		
苦苣	Z 06 01 07 004 005 001	*Cichorium endivia*	栽培菊苣
藜科	Z 06 01 07 005		
菠菜属	Z 06 01 07 005 001		
菠菜	Z 06 01 07 005 001 001	*Spinacia oleracea*	
滨藜属	Z 06 01 07 005 002		
榆钱菠菜	Z 06 01 07 005 002 001	*Atriplex hortensis*	洋菠菜
伞形科	Z 06 01 07 006		
芹属	Z 06 01 07 006 001		
芹菜	Z 06 01 07 006 001 001	*Apium graveolens*	

（续表）

物种名称	代　码	拉丁名	别　名
芫荽属	Z 06 01 07 006 002		
芫荽	Z 06 01 07 006 002 001	*Coriandrum sativum*	香菜
鸭儿芹属	Z 06 01 07 006 003		
鸭儿芹	Z 06 01 07 006 003 001	*Cryptotaenia japonica*	三叶芹
旋花科	Z 06 01 07 007		
番薯属	Z 06 01 07 007 001		
蕹菜	Z 06 01 07 007 001 001	*Ipomoea aquatica*	空心菜
落葵科	Z 06 01 07 008		
落葵属	Z 06 01 07 008 001		
落葵	Z 06 01 07 008 001 001	*Basella alba*	木耳菜
番杏科	Z 06 01 07 009		
番杏属	Z 06 01 07 009 001		
番杏	Z 06 01 07 009 001 001	*Tetragonia tetragonioides*	
马齿苋科	Z 06 01 07 010		
马齿苋属	Z 06 01 07 010 001		
马齿苋	Z 06 01 07 010 001 001	*Portulaca oleracea*	长命菜
苋科	Z 06 01 07 011		
苋属	Z 06 01 07 011 001		
苋	Z 06 01 07 011 001 001	*Amaranthus tricolor*	苋菜
秋海棠科	Z 06 01 07 012		
秋海棠属	Z 06 01 07 012 001		
紫背天葵	Z 06 01 07 012 001 001	*Begonia fimbristipula*	
茄果类	Z 06 01 08		
茄科	Z 06 01 08 001		
茄属	Z 06 01 08 001 001		

（续表）

物种名称	代　码	拉丁名	别　名
茄子	Z 06 01 08 001 001 001	*Solanum melongena*	
番茄属	Z 06 01 08 001 002		
番茄	Z 06 01 08 001 002 001	*Lycopersicon esculentum*	西红柿
辣椒属	Z 06 01 08 001 003		
辣椒	Z 06 01 08 001 003 001	*Capsicum annuum*	
酸浆属	Z 06 01 08 001 004		
酸浆	Z 06 01 08 001 004 001	*Physalis alkekengi*	红菇娘
锦葵科	Z 06 01 08 002		
秋葵属	Z 06 01 08 002 001		
咖啡黄葵	Z 06 01 08 002 001 001	*Abelmoschus esculentus*	黄秋葵、秋葵
瓜类	Z 06 01 09		
葫芦科	Z 06 01 09 001		
黄瓜属	Z 06 01 09 001 001		
黄瓜	Z 06 01 09 001 001 001	*Cucumis sativus*	
甜瓜	Z 06 01 09 001 001 002	*Cucumis melo*	
丝瓜属	Z 06 01 09 001 002		
丝瓜	Z 06 01 09 001 002 001	*Luffa cylindrica*	
冬瓜属	Z 06 01 09 001 003		
冬瓜	Z 06 01 09 001 003 001	*Benincasa hispida*	
节瓜	Z 06 01 09 001 003 002	*Benincasa hispida* var. *chiehqua*	毛瓜
苦瓜属	Z 06 01 09 001 004		
苦瓜	Z 06 01 09 001 004 001	*Momordica charantia*	凉瓜
南瓜属	Z 06 01 09 001 005		
南瓜	Z 06 01 09 001 005 001	*Cucurbita moschata*	
笋瓜	Z 06 01 09 001 005 002	*Cucurbita maxima*	北瓜

（续表）

物种名称	代　码	拉丁名	别　名
西葫芦	Z 06 01 09 001 005 003	*Cucurbita pepo*	
葫芦属	Z 06 01 09 001 006		
瓠瓜	Z 06 01 09 001 006 001	*Lagenaria siceraria* var. *depressa*	瓠子
西瓜属	Z 06 01 09 001 007		
西瓜	Z 06 01 09 001 007 001	*Citrullus lanatus*	
佛手瓜属	Z 06 01 09 001 008		
佛手瓜	Z 06 01 09 001 008 001	*Sechium edule*	
栝楼属	Z 06 01 09 001 009		
蛇瓜	Z 06 01 09 001 009 001	*Trichosanthes anguina*	蛇丝瓜
红瓜属	Z 06 01 09 001 010		
红瓜	Z 06 01 09 001 010 001	*Coccinia grandis*	
豆荚类	Z 06 01 10		
豆科	Z 06 01 10 001		
豇豆属	Z 06 01 10 001 001		
豇豆	Z 06 01 10 001 001 001	*Vigna unguiculata*	长豆角
菜豆属	Z 06 01 10 001 002		
菜豆	Z 06 01 10 001 002 001	*Phaseolus vulgaris*	四季豆
多花菜豆	Z 06 01 10 001 002 002	*Phaseolus coccineus*	红花菜豆
四棱豆属	Z 06 01 10 001 003		
四棱豆	Z 06 01 10 001 003 001	*Psophocarpus tetragonolobus*	翼豆
刀豆属	Z 06 01 10 001 004		
刀豆	Z 06 01 10 001 004 001	*Canavalia gladiata*	
豌豆属	Z 06 01 10 001 005		
豌豆	Z 06 01 10 001 005 001	*Pisum sativum*	

（续表）

物种名称	代　码	拉丁名	别　名
扁豆属	Z 06 01 10 001 006		
扁豆	Z 06 01 10 001 006 001	*Lablab purpureus*	
水生菜类	Z 06 01 11		
禾本科	Z 06 01 11 001		
菰属	Z 06 01 11 001 001		
菰	Z 06 01 11 001 001 001	*Zizania latifolia*	茭白
十字花科	Z 06 01 11 002		
西洋菜属	Z 06 01 11 002 001		
豆瓣菜	Z 06 01 11 002 001 001	*Nasturtium officinale*	西洋菜
伞形科	Z 06 01 11 003		
水芹菜属	Z 06 01 11 003 001		
水芹	Z 06 01 11 003 001 001	*Oenanthe javanica*	
睡莲科	Z 06 01 11 004		
莼属	Z 06 01 11 004 001		
莼菜	Z 06 01 11 004 001 001	*Brasenia schreberi*	马蹄草
芡属	Z 06 01 11 004 002		
芡实	Z 06 01 11 004 002 001	*Euryale ferox*	鸡头米
莲属	Z 06 01 11 004 003		
莲	Z 06 01 11 004 003 001	*Nelumbo nucifera*	荷花、莲藕
莎草科	Z 06 01 11 005		
荸荠属	Z 06 01 11 005 001		
荸荠	Z 06 01 11 005 001 001	*Heleocharis dulcis*	马蹄
菱科	Z 06 01 11 006		
菱属	Z 06 01 11 006 001		
菱	Z 06 01 11 006 001 001	*Trapa bispinosa*	菱角

（续表）

物种名称	代　码	拉丁名	别　名
泽泻科	Z 06 01 11 007		
慈姑属	Z 06 01 11 007 001		
慈姑	Z 06 01 11 007 001 001	*Sagittaria trifolia* var. *sinensis*	
多年生蔬菜	Z 06 01 12		
十字花科	Z 06 01 12 001		
辣根属	Z 06 01 12 001 001		
辣根	Z 06 01 12 001 001 001	*Armoracia rusticana*	马萝卜
百合科	Z 06 01 12 002		
天门冬属	Z 06 01 12 002 001		
芦笋	Z 06 01 12 002 001 001	*Asparagus officinalis*	石刁柏
萱草属	Z 06 01 12 002 002		
黄花菜	Z 06 01 12 002 002 001	*Hemerocallis citrina*	金针菜
蕨科	Z 06 01 12 003		
蕨属	Z 06 01 12 003 001		
蕨菜	Z 06 01 12 003 001 001	*Pteridium aquilinum* var. *latiusculum*	
菊科	Z 06 01 12 004		
蒿属	Z 06 01 12 004 001		
蒌蒿	Z 06 01 12 004 001 001	*Artemisia selengensis*	芦蒿
姜科	Z 06 01 12 005		
姜属	Z 06 01 12 005 001		
蘘荷	Z 06 01 12 005 001 001	*Zingiber mioga*	野姜
果类	Z 06 02		
仁果类	Z 06 02 01		
蔷薇科	Z 06 02 01 001		

（续表）

物种名称	代　码	拉丁名	别　名
苹果属	Z 06 02 01 001 001		
苹果	Z 06 02 01 001 001 001	*Malus pumila*	
花红	Z 06 02 01 001 001 002	*Malus asiatica*	沙果
梨属	Z 06 02 01 001 002		
川梨	Z 06 02 01 001 002 001	*Pyrus pashia*	棠梨刺
沙梨	Z 06 02 01 001 002 002	*Pyrus pyrifolia*	
西洋梨	Z 06 02 01 001 002 003	*Pyrus communis*	洋梨
秋子梨	Z 06 02 01 001 002 004	*Pyrus ussuriensis*	花盖梨、沙果梨
白梨	Z 06 02 01 001 002 005	*Pyrus bretschneideri*	白挂梨
新疆梨	Z 06 02 01 001 002 006	*Pyrus sinkiangensis*	
山楂属	Z 06 02 01 001 003		
山楂	Z 06 02 01 001 003 001	*Crataegus pinnatifida*	红果、山里红
枇杷属	Z 06 02 01 001 004		
枇杷	Z 06 02 01 001 004 001	*Eriobotrya japonica*	
核果类	Z 06 02 02		
蔷薇科	Z 06 02 02 001		
桃属	Z 06 02 02 001 001		
桃	Z 06 02 02 001 001 001	*Amygdalus persica*	
杏属	Z 06 02 02 001 002		
杏	Z 06 02 02 001 002 001	*Armeniaca vulgaris*	
李属	Z 06 02 02 001 003		
李	Z 06 02 02 001 003 001	*Prunus salicina*	李子
樱属	Z 06 02 02 001 004		
樱桃	Z 06 02 02 001 004 001	*Cerasus pseudocerasus*	车厘子

（续表）

物种名称	代　码	拉丁名	别　名
鼠李科	Z 06 02 02 002		
枣属	Z 06 02 02 002 001		
枣	Z 06 02 02 002 001 001	*Ziziphus jujuba*	大枣
毛叶枣	Z 06 02 02 002 001 002	*Ziziphsu mauritiana*	滇刺枣
橄榄科	Z 06 02 02 003		
橄榄属	Z 06 02 02 003 001		
橄榄	Z 06 02 02 003 001 001	*Canarium album*	
乌榄	Z 06 02 02 003 001 002	*Canarium pimela*	黑榄
漆树科	Z 06 02 02 004		
杧果属	Z 06 02 02 004 001		
杧果	Z 06 02 02 004 001 001	*Mangifera indica*	
杨梅科	Z 06 02 02 005		
杨梅属	Z 06 02 02 005 001		
杨梅	Z 06 02 02 005 001 001	*Myrica rubra*	
大戟科	Z 06 02 02 006		
叶下珠属	Z 06 02 02 006 001		
余甘子	Z 06 02 02 006 001 001	*Phyllanthus emblica*	油甘子
樟科	Z 06 02 02 007		
鳄梨属	Z 06 02 02 007 001		
鳄梨	Z 06 02 02 007 001 001	*Persea americana*	油梨、牛油果
浆果类	Z 06 02 03		
葡萄科	Z 06 02 03 001		
葡萄属	Z 06 02 03 001 001		
葡萄	Z 06 02 03 001 001 001	*Vitis vinifera*	
山葡萄	Z 06 02 03 001 001 002	*Vitis amurensis*	

（续表）

物种名称	代 码	拉丁名	别 名
猕猴桃科	Z 06 02 03 002		
猕猴桃属	Z 06 02 03 002 001		
狗枣猕猴桃	Z 06 02 03 002 001 001	*Actinidia kolomikta*	狗枣子
软枣猕猴桃	Z 06 02 03 002 001 002	*Actinidia arguta*	软枣子
中华猕猴桃	Z 06 02 03 002 001 003	*Actinidia chinensis*	猕猴桃、奇异果
番木瓜科	Z 06 02 03 003		
番木瓜属	Z 06 02 03 003 001		
番木瓜	Z 06 02 03 003 001 001	*Carica papaya*	木瓜
柿科	Z 06 02 03 004		
柿属	Z 06 02 03 004 001		
柿	Z 06 02 03 004 001 001	*Diospyros kaki*	柿子
油柿	Z 06 02 03 004 001 002	*Diospyros oleifera*	
桃金娘科	Z 06 02 03 005		
蒲桃属	Z 06 02 03 005 001		
蒲桃	Z 06 02 03 005 001 001	*Syzygium jambos*	香果
洋蒲桃	Z 06 02 03 005 001 002	*Syzygium samarangense*	莲雾
番石榴属	Z 06 02 03 005 002		
番石榴	Z 06 02 03 005 002 001	*Psidium guajava*	芭乐
石榴科	Z 06 02 03 006		
石榴属	Z 06 02 03 006 001		
石榴	Z 06 02 03 006 001 001	*Punica granatum*	
蔷薇科	Z 06 02 03 007		
悬钩子属	Z 06 02 03 007 001		
山莓	Z 06 02 03 007 001 001	*Rubus corchorifolius*	树莓

（续表）

物种名称	代　码	拉丁名	别　名
草莓属	Z 06 02 03 007 002		
草莓	Z 06 02 03 007 002 001	*Fragaria×ananassa*	
东方草莓	Z 06 02 03 007 002 002	*Fragaria orientalis*	泡泡莓
杜鹃花科	Z 06 02 03 008		
越橘属	Z 06 02 03 008 001		
蔓越莓	Z 06 02 03 008 001 001	*Vaccium macrocarpon*	蔓越橘
高丛蓝莓	Z 06 02 03 008 001 002	*Vaccinium corymbosum*	
兔眼蓝莓	Z 06 02 03 008 001 003	*Vaccinium ashei*	
桑科	Z 06 02 03 009		
桑属	Z 06 02 03 009 001		
桑	Z 06 02 03 009 001 001	*Morus alba*	桑树、桑葚
榕属	Z 06 02 03 009 002		
无花果	Z 06 02 03 009 002 001	*Ficus carica*	奶浆果
西番莲科	Z 06 02 03 010		
西番莲属	Z 06 02 03 010 001		
鸡蛋果	Z 06 02 03 010 001 001	*Passiflora edulis*	百香果
山榄科	Z 06 02 03 011		
铁线子属	Z 06 02 03 011 001		
人心果	Z 06 02 03 011 001 001	*Manilkara zapota*	赤铁果
蛋黄果属	Z 06 02 03 011 002		
蛋黄果	Z 06 02 03 011 002 001	*Lucuma nervosa*	
神秘果属	Z 06 02 03 011 003		
神秘果	Z 06 02 03 011 003 001	*Synsepalum dulcificum*	变味果
虎耳草科	Z 06 02 03 012		
茶藨子属	Z 06 02 03 012 001		

（续表）

物种名称	代　码	拉丁名	别　名
刺果茶藨子	Z 06 02 03 012 001 001	*Ribes burejense*	鹅莓
黑茶藨子	Z 06 02 03 012 001 002	*Ribes nigrum*	黑加仑
仙人掌科	Z 06 02 03 013		
量天尺属	Z 06 02 03 013 001		
量天尺	Z 06 02 03 013 001 001	*Hylocereus undatus*	火龙果
酢浆草科	Z 06 02 03 014		
阳桃属	Z 06 02 03 014 001		
阳桃	Z 06 02 03 014 001 001	*Averrhoa carambola*	
芸香科	Z 06 02 03 015		
黄皮属	Z 06 02 03 015 001		
黄皮	Z 06 02 03 015 001 001	*Clausena lansium*	黄弹
芭蕉科	Z 06 02 03 016		
芭蕉属	Z 06 02 03 016 001		
香蕉	Z 06 02 03 016 001 001	*Musa nana*	
芭蕉	Z 06 02 03 016 001 002	*Musa basjoo*	大蕉
坚果类（壳果类）	Z 06 02 04		
豆科	Z 06 02 04 001		
落花生属	Z 06 02 04 001 001		
花生	Z 06 02 04 001 001 001	*Arachis hypogaea*	落花生
蔷薇科	Z 06 02 04 002		
桃属	Z 06 02 04 002 001		
扁桃	Z 06 02 04 002 001 001	*Amygdalus communis*	巴旦木
漆树科	Z 06 02 04 003		
黄连木属	Z 06 02 04 003 001		
阿月浑子	Z 06 02 04 003 001 001	*Pistacia vera*	开心果

（续表）

物种名称	代　码	拉丁名	别　名
腰果属	Z 06 02 04 003 002		
腰果	Z 06 02 04 003 002 001	*Anacardium occidentale*	
胡桃科	Z 06 02 04 004		
胡桃属	Z 06 02 04 004 001		
核桃	Z 06 02 04 004 001 001	*Juglans regia*	胡桃
山核桃属	Z 06 02 04 004 002		
山核桃	Z 06 02 04 004 002 001	*Carya cathayensis*	小核桃
薄壳山核桃	Z 06 02 04 004 002 002	*Carya illinoensis*	美国山核桃
红豆杉科	Z 06 02 04 005		
榧树属	Z 06 02 04 005 001		
香榧	Z 06 02 04 005 001 001	*Torreya grandis*	
壳斗科	Z 06 02 04 006		
栗属	Z 06 02 04 006 001		
板栗	Z 06 02 04 006 001 001	*Castanea mollissima*	栗、栗子
桦木科	Z 06 02 04 007		
榛属	Z 06 02 04 007 001		
榛	Z 06 02 04 007 001 001	*Corylus heterophylla*	榛子
山龙眼科	Z 06 02 04 008		
澳洲坚果属	Z 06 02 04 008 001		
澳洲坚果	Z 06 02 04 008 001 001	*Macadamia ternifolia*	夏威夷果
玉蕊科	Z 06 02 04 009		
巴西栗属	Z 06 02 04 009 001		
巴西坚果	Z 06 02 04 009 001 001	*Bertholletia excelsa*	巴西栗
棕榈科	Z 06 02 04 010		
蛇皮果属	Z 06 02 04 010 001		

（续表）

物种名称	代　码	拉丁名	别　名
蛇皮果	Z 06 02 04 010 001 001	*Salacca zalacca*	
椰子属	Z 06 02 04 010 002		
椰子	Z 06 02 04 010 002 001	*Cocos nucifera*	
藤黄科	Z 06 02 04 011		
藤黄属	Z 06 02 04 011 001		
莽吉柿	Z 06 02 04 011 001 001	*Garcinia mangostana*	山竹
柑果类	Z 06 02 05		
芸香科	Z 06 02 05 001		
柑橘属	Z 06 02 05 001 001		
柑橘	Z 06 02 05 001 001 001	*Citrus reticulata*	橘子
甜橙	Z 06 02 05 001 001 002	*Citrus sinensis*	橙子
柚	Z 06 02 05 001 001 003	*Citrus maxima*	
葡萄柚	Z 06 02 05 001 001 004	*Citrus paradisi*	西柚
佛手	Z 06 02 05 001 001 005	*Citrus medica* var. *sarcodactylis*	佛手柑
柠檬	Z 06 02 05 001 001 006	*Citrus limon*	
黎檬	Z 06 02 05 001 001 007	*Citrus limonia*	
来檬	Z 06 02 05 001 001 008	*Citrus aurantifolia*	
金橘属	Z 06 02 05 001 002		
金弹	Z 06 02 05 001 002 001	*Fortunella crassifolia*	
金柑	Z 06 02 05 001 002 002	*Fortunella japonica*	罗纹
荔果类	Z 06 02 06		
无患子科	Z 06 02 06 001		
荔枝属	Z 06 02 06 001 001		
荔枝	Z 06 02 06 001 001 001	*Litchi chinensis*	
龙眼属	Z 06 02 06 001 002		

（续表）

物种名称	代　码	拉丁名	别　名
龙眼	Z 06 02 06 001 002 001	*Dimocarpus longan*	桂圆
韶子属	Z 06 02 06 001 003		
红毛丹	Z 06 02 06 001 003 001	*Nephelium lappaceum*	毛荔枝
聚复果类	Z 06 02 07		
番荔枝科	Z 06 02 07 001		
番荔枝属	Z 06 02 07 001 001		
番荔枝	Z 06 02 07 001 001 001	*Annona squamosa*	释迦
刺果番荔枝	Z 06 02 07 001 001 002	*Annona muricata*	红毛榴莲
牛心番荔枝	Z 06 02 07 001 001 003	*Annona reticulata*	牛心果
凤梨科	Z 06 02 07 002		
凤梨属	Z 06 02 07 002 001		
菠萝	Z 06 02 07 002 001 001	*Ananas comosus*	凤梨
桑科	Z 06 02 07 003		
波罗蜜属	Z 06 02 07 003 001		
菠萝蜜	Z 06 02 07 003 001 001	*Artocarpus heterophyllus*	木菠萝、树菠萝
面包树	Z 06 02 07 003 001 002	*Artocarpus incisa*	面包果
木棉科	Z 06 02 07 004		
榴莲属	Z 06 02 07 004 001		
榴莲	Z 06 02 07 004 001 001	*Durio zibethinus*	
食用菌藻类	Z 07		
菌类	Z 07 01		
	Z 07 01 01		
伞菌目	Z 07 01 01 001		
侧耳科	Z 07 01 01 001 001		

（续表）

物种名称	代 码	拉丁名	别 名
香菇	Z 07 01 01 001 001 001	*Lentinus edodes*	花菇
平菇	Z 07 01 01 001 001 002	*Pleurotus ostreatus*	侧耳
榆黄蘑	Z 07 01 01 001 001 003	*Pleurotus citrinopileatus*	金顶侧耳
杏鲍菇	Z 07 01 01 001 001 004	*Pleurotus eryngii*	刺芹侧耳
鲍鱼菇	Z 07 01 01 001 001 005	*Pleurotus abalonus*	
白灵菇	Z 07 01 01 001 001 006	*Pleurotus ferulae*	阿魏蘑
元蘑	Z 07 01 01 001 001 007	*Hohenbuehelia serotina*	亚侧耳
白蘑科	Z 07 01 01 001 002		
金针菇	Z 07 01 01 001 002 001	*Flammulina velutipes*	
金福菇	Z 07 01 01 001 002 002	*Tricholoma giganteum*	大白口蘑
鸡枞菌	Z 07 01 01 001 002 003	*Termitornyces albuminosus*	伞把菇
大杯蕈	Z 07 01 01 001 002 004	*Clitocybe maxiam*	猪肚菇
榛蘑	Z 07 01 01 001 002 005	*Armillariella mellea*	蜜环菌
真姬菇	Z 07 01 01 001 002 006	*Hypsizygus marmoreus*	蟹味菇
长根菇	Z 07 01 01 001 002 007	*Oudemansiella radicata*	长根小奥德蘑
光柄菇科	Z 07 01 01 001 003		
草菇	Z 07 01 01 001 003 001	*Volvariella volvacea*	兰花菇、苞脚菇
银丝菇	Z 07 01 01 001 003 002	*Volvariella bombycina*	
球盖菇科	Z 07 01 01 001 004		
黄伞	Z 07 01 01 001 004 001	*Pholiota adiposa*	黄柳菇
滑菇	Z 07 01 01 001 004 002	*Pholiota nameko*	光帽鳞伞、滑子蘑
大球盖菇	Z 07 01 01 001 004 003	*Stropharia rugosoannulata*	皱球盖菇
蘑菇科	Z 07 01 01 001 005		
姬松茸	Z 07 01 01 001 005 001	*Agaricus blazei*	巴西蘑菇

（续表）

物种名称	代　码	拉丁名	别　名
双孢蘑菇	Z 07 01 01 001 005 002	*Agaricus bisporus*	
鬼伞科	Z 07 01 01 001 006		
鸡腿菇	Z 07 01 01 001 006 001	*Coprinus comatus*	毛头鬼伞
粪锈伞科	Z 07 01 01 001 007		
茶树菇	Z 07 01 01 001 007 001	*Agrocybe cylindracea*	柱状田头菇
多孔菌目	Z 07 01 01 002		
鸡油菌科	Z 07 01 01 002 001		
鸡油菌	Z 07 01 01 002 001 001	*Cantharellus cibarius*	杏菌
猴头菌科	Z 07 01 01 002 002		
猴头菇	Z 07 01 01 002 002 001	*Hericium erinaceus*	猴头菌
多孔菌科	Z 07 01 01 002 003		
灰树花	Z 07 01 01 002 003 001	*Grifola frondosa*	栗蘑
革菌科	Z 07 01 01 002 004		
干巴菌	Z 07 01 01 002 004 001	*Thelephora ganbajun*	干巴革菌
木耳目	Z 07 01 01 003		
木耳科	Z 07 01 01 003 001		
木耳	Z 07 01 01 003 001 001	*Auricularia auricula*	黑木耳
毛木耳	Z 07 01 01 003 001 002	*Auricularia polytricha*	
盘菌目	Z 07 01 01 004		
羊肚菌科	Z 07 01 01 004 001		
羊肚菌	Z 07 01 01 004 001 001	*Morchella esculenta*	羊肚菜
银耳目	Z 07 01 01 005		
银耳科	Z 07 01 01 005 001		
银耳	Z 07 01 01 005 001 001	*Tremella fuciformis*	白木耳、雪耳
藻类	Z 07 02		

（续表）

物种名称	代　码	拉丁名	别　名
绿藻类	Z 07 02 01		
石莼目	Z 07 02 01 001		
石莼科	Z 07 02 01 001 001		
石莼	Z 07 02 01 001 001 001	*Ulva lactuca*	海白菜
浒苔	Z 07 02 01 001 001 002	*Ulva prolifera*	苔菜
礁膜科	Z 07 02 01 001 002		
礁膜	Z 07 02 01 001 002 001	*Monostroma nitidum*	
褐藻类	Z 07 02 02		
海带目	Z 07 02 02 001		
海带科	Z 07 02 02 001 001		
海带	Z 07 02 02 001 001 001	*Laminaria japonica*	江白菜
翅藻科	Z 07 02 02 001 002		
裙带菜	Z 07 02 02 001 002 001	*Undaria pinnatifida*	海芥菜
墨角藻目	Z 07 02 02 002		
马尾藻科	Z 07 02 02 002 001		
羊栖菜	Z 07 02 02 002 001 001	*Hizikia fusiformis*	海大麦、海菜芽
红藻类	Z 07 02 03		
红毛菜目	Z 07 02 03 001		
红毛菜科	Z 07 02 03 001 001		
甘紫菜	Z 07 02 03 001 001 001	*Porphyra tenera*	
圆紫菜	Z 07 02 03 001 001 002	*Porphyra suborbiculata*	
坛紫菜	Z 07 02 03 001 001 003	*Porphyra haitanensis*	
杉藻目	Z 07 02 03 002		
江蓠科	Z 07 02 03 002 001		

（续表）

物种名称	代　码	拉丁名	别　名
真江蓠	Z 07 02 03 002 001 001	*Gracilaria asiatica*	
红翎菜科	Z 07 02 03 002 002		
麒麟菜	Z 07 02 03 002 002 001	*Eucheuma muricatum*	鸡脚菜
杉藻科	Z 07 02 03 002 003		
角叉菜	Z 07 02 03 002 003 001	*Chondrus ocellatus*	鹿角菜
石花菜目	Z 07 02 03 003		
石花菜科	Z 07 02 03 003 001		
石花菜	Z 07 02 03 003 001 001	*Gelidium amansii*	海冻菜
其他藻类	Z 07 02 04		
念珠藻目	Z 07 02 04 001		
念珠藻科	Z 07 02 04 001 001		
地木耳	Z 07 02 04 001 001 001	*Nostoc commune*	地皮菜
拟球状念珠藻	Z 07 02 04 001 001 002	*Pogostemon auricularius*	葛仙米
段殖藻目	Z 07 02 04 002		
颤藻科	Z 07 02 04 002 001		
钝顶螺旋藻	Z 07 02 04 002 001 001	*Spirulina platensis*	
饮料类	Z 08		
	Z 08 01		
	Z 08 01 01		
梧桐科	Z 08 01 01 001		
可可属	Z 08 01 01 001 001		
可可	Z 08 01 01 001 001 001	*Theobroma cacao*	
可拉属	Z 08 01 01 001 002		
可拉	Z 08 01 01 001 002 001	*Cola acuminata*	
山茶科	Z 08 01 01 002		

（续表）

物种名称	代　码	拉丁名	别　名
山茶属	Z 08 01 01 002 001		
茶	Z 08 01 01 002 001 001	*Camellia sinensis*	
茜草科	Z 08 01 01 003		
咖啡属	Z 08 01 01 003 001		
小粒咖啡	Z 08 01 01 003 001 001	*Coffea arabica*	
香料类	Z 09		
	Z 09 01		
	Z 09 01 01		
禾本科	Z 09 01 01 001		
茅香属	Z 09 01 01 001 001		
茅香	Z 09 01 01 001 001 001	*Hierochloe odorata*	香草
香根草属	Z 09 01 01 001 002		
香根草	Z 09 01 01 001 002 001	*Vetiveria zizanioides*	岩兰草
香茅属	Z 09 01 01 001 003		
枫茅	Z 09 01 01 001 003 001	*Cymbopogon winterianus*	
柠檬草	Z 09 01 01 001 003 002	*Cymbopogon citratus*	香茅
豆科	Z 09 01 01 002		
香脂木豆属	Z 09 01 01 002 001		
吐鲁香	Z 09 01 01 002 001 001	*Myroxylon balsamum*	吐鲁香膏树
菊科	Z 09 01 01 003		
果香菊属	Z 09 01 01 003 001		
果香菊	Z 09 01 01 003 001 001	*Chamaemelum nobile*	白花春黄菊
伞形科	Z 09 01 01 004		
葛缕子属	Z 09 01 01 004 001		
葛缕子	Z 09 01 01 004 001 001	*Carum carvi*	

（续表）

物种名称	代　码	拉丁名	别　名
茴芹属	Z 09 01 01 004 002		
茴芹	Z 09 01 01 004 002 001	*Pimpinella anisum*	鹅脚板
茴香属	Z 09 01 01 004 003		
茴香	Z 09 01 01 004 003 001	*Foeniculum vulgare*	小茴香
欧芹属	Z 09 01 01 004 004		
欧芹	Z 09 01 01 004 004 001	*Petroselinum crispum*	洋香菜
莳萝属	Z 09 01 01 004 005		
莳萝	Z 09 01 01 004 005 001	*Anethum graveolens*	土茴香
姜科	Z 09 01 01 005		
姜属	Z 09 01 01 005 001		
红球姜	Z 09 01 01 005 001 001	*Zingiber zerumbet*	
豆蔻属	Z 09 01 01 005 002		
砂仁	Z 09 01 01 005 002 001	*Amomum villosum*	
海南砂仁	Z 09 01 01 005 002 002	*Amomum longiligulare*	
山姜属	Z 09 01 01 005 003		
高良姜	Z 09 01 01 005 003 001	*Alpinia officinarum*	
草豆蔻	Z 09 01 01 005 003 002	*Alpinia katsumadai*	
华山姜	Z 09 01 01 005 003 003	*Alpinia chinensis*	
山柰属	Z 09 01 01 005 004		
山柰	Z 09 01 01 005 004 001	*Kaempferia galanga*	沙姜
小豆蔻属	Z 09 01 01 005 005		
小豆蔻	Z 09 01 01 005 005 001	*Elettaria cardamomum*	印度豆蔻
百合科	Z 09 01 01 006		
百合属	Z 09 01 01 006 001		
渥丹	Z 09 01 01 006 001 001	*Lilium concolor*	山丹

（续表）

物种名称	代　码	拉丁名	别　名
唇形科	Z 09 01 01 007		
百里香属	Z 09 01 01 007 001		
兴安百里香	Z 09 01 01 007 001 001	*Thymus dahuricus*	
薄荷属	Z 09 01 01 007 002		
薄荷	Z 09 01 01 007 002 001	*Mentha haplocalyx*	夜息香
假薄荷	Z 09 01 01 007 002 002	*Mentha asiatica*	香薷草
留兰香	Z 09 01 01 007 002 003	*Mentha spicata*	香花菜
兴安薄荷	Z 09 01 01 007 002 004	*Mentha dahurica*	
辣薄荷	Z 09 01 01 007 002 005	*Mentha piperita*	
罗勒属	Z 09 01 01 007 003		
丁香罗勒	Z 09 01 01 007 003 001	*Ocimum gratissimum*	
鼠尾草属	Z 09 01 01 007 004		
鼠尾草	Z 09 01 01 007 004 001	*Salvia japonica*	
蕨叶鼠尾草	Z 09 01 01 007 004 002	*Salvia filicifolia*	
香紫苏	Z 09 01 01 007 004 003	*Salvia sclarea*	南欧丹参
香薷属	Z 09 01 01 007 005		
吉龙草	Z 09 01 01 007 005 001	*Elsholtzia communis*	
薰衣草属	Z 09 01 01 007 006		
薰衣草	Z 09 01 01 007 006 001	*Lavandula angustifolia*	
莎草科	Z 09 01 01 008		
莎草属	Z 09 01 01 008 001		
香附子	Z 09 01 01 008 001 001	*Cyperus rotundus*	香头草
蔷薇科	Z 09 01 01 009		
蔷薇属	Z 09 01 01 009 001		
钝叶蔷薇	Z 09 01 01 009 001 001	*Rosa sertata*	

（续表）

物种名称	代　码	拉丁名	别　名
美蔷薇	Z 09 01 01 009 001 002	*Rosa bella*	油瓶子
木香花	Z 09 01 01 009 001 003	*Rosa banksiae*	七里香
黄木香花	Z 09 01 01 009 001 004	*Rosa banksiae* var. *lutea*	
软条七蔷薇	Z 09 01 01 009 001 005	*Rosa henryi*	
樟科	Z 09 01 01 010		
厚壳桂属	Z 09 01 01 010 001		
厚壳桂	Z 09 01 01 010 001 001	*Cryptocarya chinensis*	香果
木姜子属	Z 09 01 01 010 002		
山鸡椒	Z 09 01 01 010 002 001	*Litsea cubeba*	山苍树
木姜子	Z 09 01 01 010 002 002	*Litsea pungens*	山胡椒
山胡椒属	Z 09 01 01 010 003		
黑壳楠	Z 09 01 01 010 003 001	*Lindera megaphylla*	楠木
乌药	Z 09 01 01 010 003 002	*Lindera aggregata*	
樟属	Z 09 01 01 010 004		
黄樟	Z 09 01 01 010 004 001	*Cinnamomum porrectum*	樟木
油樟	Z 09 01 01 010 004 002	*Cinnamomum longepaniculatum*	
云南樟	Z 09 01 01 010 004 003	*Cinnamomum glanduliferum*	臭樟
少花桂	Z 09 01 01 010 004 004	*Cinnamomum pauciflorum*	岩桂
锡兰肉桂	Z 09 01 01 010 004 005	*Cinnamomum zeylanicum*	
肉桂	Z 09 01 01 010 004 006	*Cinnamomum cassia*	玉桂
银叶桂	Z 09 01 01 010 004 007	*Cinnamomum mairei*	银叶樟
狭叶阴香	Z 09 01 01 010 004 008	*Cinnamomum burmannii* f. *heyneanum*	
漆树科	Z 09 01 01 011		
肖乳香属	Z 09 01 01 011 001		

（续表）

物种名称	代 码	拉丁名	别 名
肖乳香	Z 09 01 01 011 001 001	*Schinus terebinthifolius*	
芸香科	Z 09 01 01 012		
柑橘属	Z 09 01 01 012 001		
香橙	Z 09 01 01 012 001 001	*Citrus junos*	橙子
花椒属	Z 09 01 01 012 002		
花椒	Z 09 01 01 012 002 001	*Zanthoxylum bungeanum*	
毛刺花椒	Z 09 01 01 012 002 002	*Zanthoxylum acanthopodium* var. *timbor*	
青花椒	Z 09 01 01 012 002 003	*Zanthoxylum schinifolium*	崖椒
野花椒	Z 09 01 01 012 002 004	*Zanthoxylum simulans*	刺椒
竹叶花椒	Z 09 01 01 012 002 005	*Zanthoxylum armatum*	
川陕花椒	Z 09 01 01 012 002 006	*Zanthoxylum piasezkii*	
芸香属	Z 09 01 01 012 003		
芸香	Z 09 01 01 012 003 001	*Ruta graveolens*	香草
番荔枝科	Z 09 01 01 013		
瓜馥木属	Z 09 01 01 013 001		
瓜馥木	Z 09 01 01 013 001 001	*Fissistigma oldhamii*	藤龙眼
依兰属	Z 09 01 01 013 002		
依兰	Z 09 01 01 013 002 001	*Cananga odorata*	香水树
鹰爪花属	Z 09 01 01 013 003		
鹰爪花	Z 09 01 01 013 003 001	*Artabotrys hexapetalus*	
桃金娘科	Z 09 01 01 014		
桉属	Z 09 01 01 014 001		
柠檬桉	Z 09 01 01 014 001 001	*Eucalyptus citriodora*	
白千层属	Z 09 01 01 014 002		

（续表）

物种名称	代　码	拉丁名	别　名
白千层	Z 09 01 01 014 002 001	*Melaleuca leucadendron*	脱皮树、千层皮
多香果属	Z 09 01 01 014 003		
多香果	Z 09 01 01 014 003 001	*Pimenta dioica*	
岗松属	Z 09 01 01 014 004		
岗松	Z 09 01 01 014 004 001	*Baeckea frutescens*	扫把枝
杜鹃花科	Z 09 01 01 015		
杜鹃属	Z 09 01 01 015 001		
烈香杜鹃	Z 09 01 01 015 001 001	*Rhododendron anthopogonoides*	
安息香科	Z 09 01 01 016		
安息香属	Z 09 01 01 016 001		
越南安息香	Z 09 01 01 016 001 001	*Styrax tonkinensis*	滇桂野茉莉
败酱科	Z 09 01 01 017		
甘松属	Z 09 01 01 017 001		
甘松	Z 09 01 01 017 001 001	*Nardostachys chinensis*	香松
缬草属	Z 09 01 01 017 002		
宽叶缬草	Z 09 01 01 017 002 001	*Valeriana officinalis* var. *latifolia*	
黑水缬草	Z 09 01 01 017 002 002	*Valeriana amurensis*	
报春花科	Z 09 01 01 018		
珍珠菜属	Z 09 01 01 018 001		
灵香草	Z 09 01 01 018 001 001	*Lysimachia foenum-graecum*	驱蛔虫草、闹虫草
胡椒科	Z 09 01 01 019		
胡椒属	Z 09 01 01 019 001		
胡椒	Z 09 01 01 019 001 001	*Piper nigrum*	

（续表）

物种名称	代　码	拉丁名	别　名
蒌叶	Z 09 01 01 019 001 002	*Piper betle*	
金粟兰科	Z 09 01 01 020		
金粟兰属	Z 09 01 01 020 001		
银线草	Z 09 01 01 020 001 001	*Chloranthus japonicus*	灯笼花、白毛七
兰科	Z 09 01 01 021		
兰属	Z 09 01 01 021 001		
美花兰	Z 09 01 01 021 001 001	*Cymbidium insigne*	
香荚兰属	Z 09 01 01 021 002		
香荚兰	Z 09 01 01 021 002 001	*Vanilla fragrans*	
黄兰属	Z 09 01 01 021 003		
黄兰	Z 09 01 01 021 003 001	*Cephalantheropsis gracilis*	黄玉兰、黄缅桂
露兜树科	Z 09 01 01 022		
露兜树属	Z 09 01 01 022 001		
露兜树	Z 09 01 01 022 001 001	*Pandanus tectorius*	露兜簕
香露兜	Z 09 01 01 022 001 002	*Pandanus amaryllifolius*	板兰香
马鞭草科	Z 09 01 01 023		
牡荆属	Z 09 01 01 023 001		
单叶蔓荆	Z 09 01 01 023 001 001	*Vitex trifolia* var. *simplicifolia*	
牻牛儿苗科	Z 09 01 01 024		
天竺葵属	Z 09 01 01 024 001		
香叶天竺葵	Z 09 01 01 024 001 001	*Pelargonium graveolens*	
木兰科	Z 09 01 01 025		
八角属	Z 09 01 01 025 001		
红茴香	Z 09 01 01 025 001 001	*Illicium henryi*	红毒茴

（续表）

物种名称	代　码	拉丁名	别　名
八角	Z 09 01 01 025 001 002	*Illicium verum*	八角茴香
观光木属	Z 09 01 01 025 002		
观光木	Z 09 01 01 025 002 001	*Tsoongiodendron odorum*	香木楠
含笑属	Z 09 01 01 025 003		
含笑	Z 09 01 01 025 003 001	*Michelia figo*	含笑花
白花含笑	Z 09 01 01 025 003 002	*Michelia mediocris*	苦梓
黄心夜合	Z 09 01 01 025 003 003	*Michelia martinii*	马氏含笑
石碌含笑	Z 09 01 01 025 003 004	*Michelia shiluensis*	
木兰属	Z 09 01 01 025 004		
天女木兰	Z 09 01 01 025 004 001	*Magnolia sieboldii*	小花木兰
木犀科	Z 09 01 01 026		
丁香属	Z 09 01 01 026 001		
花叶丁香	Z 09 01 01 026 001 001	*Syringa×persica*	
毛丁香	Z 09 01 01 026 001 002	*Syringa tomentella*	
素馨属	Z 09 01 01 026 002		
毛萼素馨	Z 09 01 01 026 002 001	*Jasminum pilosicalyx*	
千屈菜科	Z 09 01 01 027		
散沫花属	Z 09 01 01 027 001		
散沫花	Z 09 01 01 027 001 001	*Lawsonia inermis*	指甲花
五加科	Z 09 01 01 028		
南洋参属	Z 09 01 01 028 001		
南洋参	Z 09 01 01 028 001 001	*Polyscias fruticosa*	南洋森
玄参科	Z 09 01 01 029		
石龙尾属	Z 09 01 01 029 001		
大叶石龙尾	Z 09 01 01 029 001 001	*Limnophila rugosa*	

（续表）

物种名称	代 码	拉丁名	别 名
药用类	Z 10		
木本	Z 10 01		
	Z 10 01 01		
豆科	Z 10 01 01 001		
槐属	Z 10 01 01 001 001		
苦参	Z 10 01 01 001 001 001	*Sophora flavescens*	地槐
金合欢属	Z 10 01 01 001 002		
儿茶	Z 10 01 01 001 002 001	*Acacia catechu*	孩儿茶
决明属	Z 10 01 01 001 003		
望江南	Z 10 01 01 001 003 001	*Cassia occidentalis*	狗屎豆
亚历山大番泻叶	Z 10 01 01 001 003 002	*Cassia acutifolia*	埃及番泻叶
云实属	Z 10 01 01 001 004		
苏木	Z 10 01 01 001 004 001	*Caesalpinia sappan*	
皂荚属	Z 10 01 01 001 005		
皂荚	Z 10 01 01 001 005 001	*Gleditsia sinensis*	皂荚树
大戟科	Z 10 01 01 002		
巴豆属	Z 10 01 01 002 001		
巴豆	Z 10 01 01 002 001 001	*Croton tiglium*	双眼龙
梧桐科	Z 10 01 01 003		
胖大海属	Z 10 01 01 003 001		
胖大海	Z 10 01 01 003 001 001	*Scaphium wallichii*	大洞果
棕榈科	Z 10 01 01 004		
槟榔属	Z 10 01 01 004 001		
槟榔	Z 10 01 01 004 001 001	*Areca catechu*	

（续表）

物种名称	代　码	拉丁名	别　名
瑞香科	Z 10 01 01 005		
沉香属	Z 10 01 01 005 001		
土沉香	Z 10 01 01 005 001 001	*Aquilaria sinensis*	白木香
萝藦科	Z 10 01 01 006		
鹅绒藤属	Z 10 01 01 006 001		
白首乌	Z 10 01 01 006 001 001	*Cynanchum bungei*	地葫芦
南山藤属	Z 10 01 01 006 002		
南山藤	Z 10 01 01 006 002 001	*Dregea volubilis*	苦菜藤
楝科	Z 10 01 01 007		
楝属	Z 10 01 01 007 001		
川楝	Z 10 01 01 007 001 001	*Melia toosendan*	金铃子
肉豆蔻科	Z 10 01 01 008		
肉豆蔻属	Z 10 01 01 008 001		
肉豆蔻	Z 10 01 01 008 001 001	*Myristica fragrans*	
茄科	Z 10 01 01 009		
茄属	Z 10 01 01 009 001		
澳洲茄	Z 10 01 01 009 001 001	*Solanum aviculare*	
枸杞属	Z 10 01 01 009 002		
枸杞	Z 10 01 01 009 002 001	*Lycium chinense*	
百合科	Z 10 01 01 010		
贝母属	Z 10 01 01 010 001		
湖北贝母	Z 10 01 01 010 001 001	*Fritillaria hupehensis*	
蔷薇科	Z 10 01 01 011		
山楂属	Z 10 01 01 011 001		
野山楂	Z 10 01 01 011 001 001	*Crataegus cuneata*	红果子

（续表）

物种名称	代　码	拉丁名	别　名
杏属	Z 10 01 01 011 002		
山杏	Z 10 01 01 011 002 001	*Armeniaca sibirica*	西伯利亚杏
蔷薇属	Z 10 01 01 011 003		
缫丝花	Z 10 01 01 011 003 001	*Rosa roxburghii*	
木瓜属	Z 10 01 01 011 004		
皱皮木瓜	Z 10 01 01 011 004 001	*Chaenomeles speciosa*	贴梗海棠
鼠李科	Z 10 01 01 012		
枣属	Z 10 01 01 012 001		
酸枣	Z 10 01 01 012 001 001	*Ziziphus jujuba* var. *spinosa*	
漆树科	Z 10 01 01 013		
盐肤木属	Z 10 01 01 013 001		
盐肤木	Z 10 01 01 013 001 001	*Rhus chinensis*	五倍子树
芸香科	Z 10 01 01 014		
柑橘属	Z 10 01 01 014 001		
香橼	Z 10 01 01 014 001 001	*Citrus medica*	枸橼子
酸橙	Z 10 01 01 014 001 002	*Citrus aurantium*	
香圆	Z 10 01 01 014 001 003	*Citrus wilsonii*	
金橘属	Z 10 01 01 014 002		
山橘	Z 10 01 01 014 002 001	*Fortunella hindsii*	
黄檗属	Z 10 01 01 014 003		
黄皮树	Z 10 01 01 014 003 001	*Phellodendron chinense*	
吴茱萸属	Z 10 01 01 014 004		
吴茱萸	Z 10 01 01 014 004 001	*Evodia rutaecarpa*	吴萸、茶辣
桃金娘科	Z 10 01 01 015		
蒲桃属	Z 10 01 01 015 001		

（续表）

物种名称	代 码	拉丁名	别 名
丁子香	Z 10 01 01 015 001 001	*Syzygium aromaticum*	
藤黄科	Z 10 01 01 016		
藤黄属	Z 10 01 01 016 001		
木竹子	Z 10 01 01 016 001 001	*Garcinia multiflora*	山竹子
杜鹃花科	Z 10 01 01 017		
白珠树属	Z 10 01 01 017 001		
白珠树	Z 10 01 01 017 001 001	*Gaultheria leucocarpa* var. *cumingiana*	牛头药
茜草科	Z 10 01 01 018		
巴戟天属	Z 10 01 01 018 001		
巴戟天	Z 10 01 01 018 001 001	*Morinda officinalis*	大巴戟
金鸡纳属	Z 10 01 01 018 002		
金鸡纳树	Z 10 01 01 018 002 001	*Cinchona ledgeriana*	
柏科	Z 10 01 01 019		
侧柏属	Z 10 01 01 019 001		
侧柏	Z 10 01 01 019 001 001	*Platycladus orientalis*	香柏、扁柏
金粟兰科	Z 10 01 01 020		
草珊瑚属	Z 10 01 01 020 001		
草珊瑚	Z 10 01 01 020 001 001	*Sarcandra glabra*	满山香
马鞭草科	Z 10 01 01 021		
牡荆属	Z 10 01 01 021 001		
蔓荆	Z 10 01 01 021 001 001	*Vitex trifolia*	
紫珠属	Z 10 01 01 021 002		
裸花紫珠	Z 10 01 01 021 002 001	*Callicarpa nudiflora*	赶风柴
木犀科	Z 10 01 01 022		

（续表）

物种名称	代 码	拉丁名	别 名
素馨属	Z 10 01 01 022 001		
素方花	Z 10 01 01 022 001 001	*Jasminum officinale*	
清香藤	Z 10 01 01 022 001 002	*Jasminum lanceolarium*	
五加科	Z 10 01 01 023		
五加属	Z 10 01 01 023 001		
刺五加	Z 10 01 01 023 001 001	*Acanthopanax senticosus*	
大风子科	Z 10 01 01 024		
大风子属	Z 10 01 01 024 001		
泰国大风子	Z 10 01 01 024 001 001	*Hydnocarpus anthelminthica*	驱虫大风子
海南大风子	Z 10 01 01 024 001 002	*Hydnocarpus hainanensis*	
古柯科	Z 10 01 01 025		
古柯属	Z 10 01 01 025 001		
古柯	Z 10 01 01 025 001 001	*Erythroxylum novogranatense*	古加
虎耳草科	Z 10 01 01 026		
常山属	Z 10 01 01 026 001		
常山	Z 10 01 01 026 001 001	*Dichroa febrifuga*	
夹竹桃科	Z 10 01 01 027		
罗布麻属	Z 10 01 01 027 001		
罗布麻	Z 10 01 01 027 001 001	*Apocynum venetum*	茶叶花
萝芙木属	Z 10 01 01 027 002		
萝芙木	Z 10 01 01 027 002 001	*Rauvolfia verticillata*	山马蹄
金缕梅科	Z 10 01 01 028		
半枫荷属	Z 10 01 01 028 001		
半枫荷	Z 10 01 01 028 001 001	*Semiliquidambar cathayensis*	
苦木科	Z 10 01 01 029		

（续表）

物种名称	代　码	拉丁名	别　名
鸦胆子属	Z 10 01 01 029 001		
鸦胆子	Z 10 01 01 029 001 001	*Brucea javanica*	老鸦胆
麻黄科	Z 10 01 01 030		
麻黄属	Z 10 01 01 030 001		
麻黄	Z 10 01 01 030 001 001	*Ephedra sinica*	
七叶树科	Z 10 01 01 031		
七叶树属	Z 10 01 01 031 001		
天师栗	Z 10 01 01 031 001 001	*Aesculus wilsonii*	猴板栗
山茱萸科	Z 10 01 01 032		
山茱萸属	Z 10 01 01 032 001		
山茱萸	Z 10 01 01 032 001 001	*Cornus officinalis*	
使君子科	Z 10 01 01 033		
诃子属	Z 10 01 01 033 001		
诃子	Z 10 01 01 033 001 001	*Terminalia chebula*	
使君子属	Z 10 01 01 033 002		
使君子	Z 10 01 01 033 002 001	*Quisqualis indica*	
檀香科	Z 10 01 01 034		
檀香属	Z 10 01 01 034 001		
檀香	Z 10 01 01 034 001 001	*Santalum album*	
胡颓子科	Z 10 01 01 035		
胡颓子属	Z 10 01 01 035 001		
牛奶子	Z 10 01 01 035 001 001	*Elaeagnus umbellata*	剪子果、甜枣
草本	Z 10 02		
一年生	Z 10 02 01		
豆科	Z 10 02 01 001		

（续表）

物种名称	代　码	拉丁名	别　名
决明属	Z 10 02 01 001 001		
决明	Z 10 02 01 001 001 001	*Cassia tora*	
补骨脂属	Z 10 02 01 001 002		
补骨脂	Z 10 02 01 001 002 001	*Psoralea corylifolia*	
胡卢巴属	Z 10 02 01 001 003		
胡卢巴	Z 10 02 01 001 003 001	*Trigonella foenum-graecum*	香草
黄耆属	Z 10 02 01 001 004		
黄耆	Z 10 02 01 001 004 001	*Astragalus membranaceus*	黄芪
大戟科	Z 10 02 01 002		
大戟属	Z 10 02 01 002 001		
续随子	Z 10 02 01 002 001 001	*Euphorbia lathylris*	千金子
叶下珠属	Z 10 02 01 002 002		
叶下珠	Z 10 02 01 002 002 001	*Phyllanthus urinaria*	珠仔草
锦葵科	Z 10 02 01 003		
木槿属	Z 10 02 01 003 001		
玫瑰茄	Z 10 02 01 003 001 001	*Hibiscus sabdariffa*	山茄子
十字花科	Z 10 02 01 004		
白芥属	Z 10 02 01 004 001		
白芥	Z 10 02 01 004 001 001	*Sinapis alba*	
菘蓝属	Z 10 02 01 004 002		
菘蓝	Z 10 02 01 004 002 001	*Isatis indigotica*	板蓝根
菊科	Z 10 02 01 005		
蒿属	Z 10 02 01 005 001		
黄花蒿	Z 10 02 01 005 001 001	*Artemisia annua*	
青蒿	Z 10 02 01 005 001 002	*Artemisia carvifolia*	

（续表）

物种名称	代　码	拉丁名	别　名
斑鸠菊属	Z 10 02 01 005 002		
驱虫斑鸠菊	Z 10 02 01 005 002 001	*Vernonia anthelmintica*	印度山茴香
苍术属	Z 10 02 01 005 003		
苍术	Z 10 02 01 005 003 001	*Atractylodes lancea*	
苍耳属	Z 10 02 01 005 004		
苍耳	Z 10 02 01 005 004 001	*Xanthium sibiricum*	
鬼针草属	Z 10 02 01 005 005		
鬼针草	Z 10 02 01 005 005 001	*Bidens pilosa*	对叉草
水飞蓟属	Z 10 02 01 005 006		
水飞蓟	Z 10 02 01 005 006 001	*Silybum marianum*	奶蓟
藜科	Z 10 02 01 006		
藜属	Z 10 02 01 006 001		
土荆芥	Z 10 02 01 006 001 001	*Chenopodium ambrosioides*	杀虫芥
茄科	Z 10 02 01 007		
曼陀罗属	Z 10 02 01 007 001		
曼陀罗	Z 10 02 01 007 001 001	*Datura stramonium*	洋金花
洋金花	Z 10 02 01 007 001 002	*Datura metel*	白花曼陀罗
天仙子属	Z 10 02 01 007 002		
天仙子	Z 10 02 01 007 002 001	*Hyoscyamus niger*	莨菪
伞形科	Z 10 02 01 008		
蛇床属	Z 10 02 01 008 001		
蛇床	Z 10 02 01 008 001 001	*Cnidium monnieri*	
唇形科	Z 10 02 01 009		
罗勒属	Z 10 02 01 009 001		
罗勒	Z 10 02 01 009 001 001	*Ocimum basilicum*	兰香

（续表）

物种名称	代 码	拉丁名	别 名
青兰属	Z 10 02 01 009 002		
香青兰	Z 10 02 01 009 002 001	*Dracocephalum moldavica*	山薄荷
鼠尾草属	Z 10 02 01 009 003		
荔枝草	Z 10 02 01 009 003 001	*Salvia plebeia*	雪见草
香薷属	Z 10 02 01 009 004		
海洲香薷	Z 10 02 01 009 004 001	*Elsholtzia splendens*	
刺蕊草属	Z 10 02 01 009 005		
广藿香	Z 10 02 01 009 005 001	*Pogostemon cablin*	藿香
荆芥属	Z 10 02 01 009 006		
荆芥	Z 10 02 01 009 006 001	*Nepeta cataria*	
裂叶荆芥属	Z 10 02 01 009 007		
裂叶荆芥	Z 10 02 01 009 007 001	*Schizonepeta tenuifolia*	
香茶菜属	Z 10 02 01 009 008		
香茶菜	Z 10 02 01 009 008 001	*Rabdosia amethystoides*	蛇总管
香科科属	Z 10 02 01 009 009		
山藿香	Z 10 02 01 009 009 001	*Teucrium viscidum*	血见愁
益母草属	Z 10 02 01 009 010		
细叶益母草	Z 10 02 01 009 010 001	*Leonurus sibiricus*	四美草
紫苏属	Z 10 02 01 009 011		
紫苏	Z 10 02 01 009 011 001	*Perilla frutescens*	白苏
桑科	Z 10 02 01 010		
大麻属	Z 10 02 01 010 001		
大麻	Z 10 02 01 010 001 001	*Cannabis sativa*	线麻
玄参科	Z 10 02 01 011		
毛麝香属	Z 10 02 01 011 001		

（续表）

物种名称	代　码	拉丁名	别　名
毛麝香	Z 10 02 01 011 001 001	*Adenosma glutinosum*	
爵床科	Z 10 02 01 012		
穿心莲属	Z 10 02 01 012 001		
穿心莲	Z 10 02 01 012 001 001	*Andrographis paniculata*	一见喜
石竹科	Z 10 02 01 013		
麦蓝菜属	Z 10 02 01 013 001		
麦蓝菜	Z 10 02 01 013 001 001	*Vaccaria segetalis*	王不留行
罂粟科	Z 10 02 01 014		
罂粟属	Z 10 02 01 014 001		
罂粟	Z 10 02 01 014 001 001	*Papaver somniferum*	鸦片、大烟
蓼科	Z 10 02 01 015		
蓼属	Z 10 02 01 015 001		
杠板归	Z 10 02 01 015 001 001	*Polygonum perfoliatum*	刺犁头
多年生	Z 10 02 02		
蓼科	Z 10 02 02 001		
荞麦属	Z 10 02 02 001 002		
金荞麦	Z 10 02 02 001 002 001	*Fagopyrum dibotrys*	苦荞头
大黄属	Z 10 02 02 001 003		
掌叶大黄	Z 10 02 02 001 003 001	*Rheum palmatum*	葵叶大黄
波叶大黄	Z 10 02 02 001 003 002	*Rheum undulatum*	
何首乌属	Z 10 02 02 001 004		
何首乌	Z 10 02 02 001 004 001	*Fallopia multiflora*	
虎杖属	Z 10 02 02 001 005		
虎杖	Z 10 02 02 001 005 001	*Reynoutria japonica*	酸筒杆
酸模属	Z 10 02 02 001 006		

（续表）

物种名称	代　码	拉丁名	别　名
酸模	Z 10 02 02 001 006 001	*Rumex acetosa*	
毛脉酸模	Z 10 02 02 001 006 002	*Rumex gmelinii*	
蓼属	Z 10 02 02 001 007		
拳参	Z 10 02 02 001 007 001	*Polygonum bistorta*	拳蓼
叉分蓼	Z 10 02 02 001 007 002	*Polygonum divaricatum*	
赤胫散	Z 10 02 02 001 007 003	*Polygonum runcinatum* var. *sinense*	
薯蓣科	Z 10 02 02 002		
薯蓣属	Z 10 02 02 002 001		
盾叶薯蓣	Z 10 02 02 002 001 001	*Dioscorea zingiberensis*	火头根
穿龙薯蓣	Z 10 02 02 002 001 002	*Dioscorea nipponica*	山常山
菊科	Z 10 02 02 003		
菊属	Z 10 02 02 003 001		
甘菊	Z 10 02 02 003 001 001	*Dendranthema lavandulifolium*	岩香菊
匹菊属	Z 10 02 02 003 002		
除虫菊	Z 10 02 02 003 002 001	*Pyrethrum cinerariifolium*	
蒿属	Z 10 02 02 003 003		
柳叶蒿	Z 10 02 02 003 003 001	*Artemisia integrifolia*	九牛草
牡蒿	Z 10 02 02 003 003 002	*Artemisia japonica*	水辣菜
艾	Z 10 02 02 003 003 003	*Artemisia argyi*	艾蒿
茵陈蒿	Z 10 02 02 003 003 004	*Artemisia capillaris*	
五月艾	Z 10 02 02 003 003 005	*Artemisia indica*	
天名精属	Z 10 02 02 003 004		
天名精	Z 10 02 02 003 004 001	*Carpesium abrotanoides*	
泽兰属	Z 10 02 02 003 005		

（续表）

物种名称	代 码	拉丁名	别 名
林泽兰	Z 10 02 02 003 005 001	*Eupatorium lindleyanum*	尖佩兰
佩兰	Z 10 02 02 003 005 002	*Eupatorium fortunei*	兰草
旋覆花属	Z 10 02 02 003 006		
土木香	Z 10 02 02 003 006 001	*Inula helenium*	
苍术属	Z 10 02 02 003 007		
关苍术	Z 10 02 02 003 007 001	*Atractylodes japonica*	
白术	Z 10 02 02 003 007 002	*Atractylodes macrocephala*	
艾纳香属	Z 10 02 02 003 008		
艾纳香	Z 10 02 02 003 008 001	*Blumea balsamifera*	大风艾
菜蓟属	Z 10 02 02 003 009		
菜蓟	Z 10 02 02 003 009 001	*Cynara scolymus*	
川木香属	Z 10 02 02 003 010		
川木香	Z 10 02 02 003 010 001	*Dolomiaea souliei*	
风毛菊属	Z 10 02 02 003 011		
云木香	Z 10 02 02 003 011 001	*Saussurea costus*	广木香、青木香
款冬属	Z 10 02 02 003 012		
款冬	Z 10 02 02 003 012 001	*Tussilago farfara*	
香青属	Z 10 02 02 003 013		
珠光香青	Z 10 02 02 003 013 001	*Anaphalis margaritacea*	山荻
紫菀属	Z 10 02 02 003 014		
紫菀	Z 10 02 02 003 014 001	*Aster tataricus*	山白菜
菊苣属	Z 10 02 02 003 015		
腺毛菊苣	Z 10 02 02 003 015 001	*Cichorium glandulosum*	
茄科	Z 10 02 02 004		

（续表）

物种名称	代 码	拉丁名	别 名
颠茄属	Z 10 02 02 004 001		
颠茄	Z 10 02 02 004 001 001	*Atropa belladonna*	
山莨菪属	Z 10 02 02 004 002		
三分三	Z 10 02 02 004 002 001	*Anisodus acutangulus*	
山莨菪	Z 10 02 02 004 002 002	*Anisodus tanguticus*	
伞形科	Z 10 02 02 005		
柴胡属	Z 10 02 02 005 001		
红柴胡	Z 10 02 02 005 001 001	*Bupleurum scorzonerifolium*	南柴胡
北柴胡	Z 10 02 02 005 001 002	*Bupleurum chinense*	
川明参属	Z 10 02 02 005 002		
川明参	Z 10 02 02 005 002 001	*Chuanminshen violaceum*	明参、沙参
当归属	Z 10 02 02 005 003		
当归	Z 10 02 02 005 003 001	*Angelica sinensis*	
白芷	Z 10 02 02 005 003 002	*Angelica dahurica*	
重齿毛当归	Z 10 02 02 005 003 003	*Angelica biserrata*	香独活、独活
毒芹属	Z 10 02 02 005 004		
毒芹	Z 10 02 02 005 004 001	*Cicuta virosa*	野芹菜
独活属	Z 10 02 02 005 005		
短毛独活	Z 10 02 02 005 005 001	*Heracleum moellendorffii*	东北牛防风
防风属	Z 10 02 02 005 006		
防风	Z 10 02 02 005 006 001	*Saposhnikovia divaricata*	北防风、关防风
藁本属	Z 10 02 02 005 007		
川芎	Z 10 02 02 005 007 001	*Ligusticum chuanxiong*	
藁本	Z 10 02 02 005 007 002	*Ligusticum sinense*	

（续表）

物种名称	代码	拉丁名	别名
明党参属	Z 10 02 02 005 008		
明党参	Z 10 02 02 005 008 001	*Changium smyrnioides*	山萝卜
前胡属	Z 10 02 02 005 009		
前胡	Z 10 02 02 005 009 001	*Peucedanum praeruptorum*	
珊瑚菜属	Z 10 02 02 005 010		
珊瑚菜	Z 10 02 02 005 010 001	*Glehnia littoralis*	辽沙参
天南星科	Z 10 02 02 006		
半夏属	Z 10 02 02 006 001		
半夏	Z 10 02 02 006 001 001	*Pinellia ternata*	地文、守田
犁头尖属	Z 10 02 02 006 002		
独角莲	Z 10 02 02 006 002 001	*Typhonium giganteum*	滴水参
千年健属	Z 10 02 02 006 003		
千年健	Z 10 02 02 006 003 001	*Homalomena occulta*	一包针
天南星属	Z 10 02 02 006 004		
天南星	Z 10 02 02 006 004 001	*Arisaema heterophyllum*	
姜科	Z 10 02 02 007		
豆蔻属	Z 10 02 02 007 001		
疣果豆蔻	Z 10 02 02 007 001 001	*Amomum muricarpum*	
白豆蔻	Z 10 02 02 007 001 002	*Amomum kravanh*	
草果	Z 10 02 02 007 001 003	*Amomum tsaoko*	
山姜属	Z 10 02 02 007 002		
光叶山姜	Z 10 02 02 007 002 001	*Alpinia intermedia*	
益智	Z 10 02 02 007 002 002	*Alpinia oxyphylla*	
姜黄属	Z 10 02 02 007 003		
郁金	Z 10 02 02 007 003 001	*Curcuma aromatica*	姜黄

（续表）

物种名称	代　码	拉丁名	别　名
苋科	Z 10 02 02 008		
杯苋属	Z 10 02 02 008 001		
川牛膝	Z 10 02 02 008 001 001	*Cyathula officinalis*	
牛膝属	Z 10 02 02 008 002		
牛膝	Z 10 02 02 008 002 001	*Achyranthes bidentata*	牛磕膝
葫芦科	Z 10 02 02 009		
栝楼属	Z 10 02 02 009 001		
栝楼	Z 10 02 02 009 001 001	*Trichosanthes kirilowii*	瓜蒌、瓜楼
百合科	Z 10 02 02 010		
萱草属	Z 10 02 02 010 001		
北黄花菜	Z 10 02 02 010 001 001	*Hemerocallis lilioasphodelus*	
天门冬属	Z 10 02 02 010 002		
天门冬	Z 10 02 02 010 002 001	*Asparagus cochinchinensis*	三百棒
贝母属	Z 10 02 02 010 003		
川贝母	Z 10 02 02 010 003 001	*Fritillaria cirrhosa*	卷叶贝母
平贝母	Z 10 02 02 010 003 002	*Fritillaria ussuriensis*	
太白贝母	Z 10 02 02 010 003 003	*Fritillaria taipaiensis*	
伊贝母	Z 10 02 02 010 003 004	*Fritillaria pallidiflora*	
浙贝母	Z 10 02 02 010 003 005	*Fritillaria thunbergii*	
黄精属	Z 10 02 02 010 004		
黄精	Z 10 02 02 010 004 001	*Polygonatum sibiricum*	黄鸡菜
玉竹	Z 10 02 02 010 004 002	*Polygonatum odoratum*	铃铛菜
延龄草属	Z 10 02 02 010 005		
延龄草	Z 10 02 02 010 005 001	*Trillium tschonoskii*	
沿阶草属	Z 10 02 02 010 006		

（续表）

物种名称	代　码	拉丁名	别　名
麦冬	Z 10 02 02 010 006 001	*Ophiopogon japonicus*	沿阶草
知母属	Z 10 02 02 010 007		
知母	Z 10 02 02 010 007 001	*Anemarrhena asphodeloides*	兔子油草
重楼属	Z 10 02 02 010 008		
七叶一枝花	Z 10 02 02 010 008 001	*Paris polyphylla*	
唇形科	Z 10 02 02 011		
鼠尾草属	Z 10 02 02 011 001		
丹参	Z 10 02 02 011 001 001	*Salvia miltiorrhiza*	大红袍、血参根
地埂鼠尾草	Z 10 02 02 011 001 002	*Salvia scapiformis*	田芹菜
益母草属	Z 10 02 02 011 002		
益母草	Z 10 02 02 011 002 001	*Leonurus artemisia*	红花艾
黄芩属	Z 10 02 02 011 003		
并头黄芩	Z 10 02 02 011 003 001	*Scutellaria scordifolia*	
粘毛黄芩	Z 10 02 02 011 003 002	*Scutellaria viscidula*	
黄芩	Z 10 02 02 011 003 003	*Scutellaria baicalensis*	
藿香属	Z 10 02 02 011 004		
藿香	Z 10 02 02 011 004 001	*Agastache rugosa*	合香
筋骨草属	Z 10 02 02 011 005		
筋骨草	Z 10 02 02 011 005 001	*Ajuga ciliata*	
地笋属	Z 10 02 02 011 006		
硬毛地笋	Z 10 02 02 011 006 001	*Lycopus lucidus* var. *hirtus*	
肾茶属	Z 10 02 02 011 007		
肾茶	Z 10 02 02 011 007 001	*Clerodendranthus spicatus*	猫须草
夏枯草属	Z 10 02 02 011 008		

（续表）

物种名称	代　码	拉丁名	别　名
夏枯草	Z 10 02 02 011 008 001	*Prunella vulgaris*	
泽泻科	Z 10 02 02 012		
泽泻属	Z 10 02 02 012 001		
泽泻	Z 10 02 02 012 001 001	*Alisma plantago-aquatica*	
蔷薇科	Z 10 02 02 013		
地榆属	Z 10 02 02 013 001		
地榆	Z 10 02 02 013 001 001	*Sanguisorba officinalis*	黄爪香
龙牙草属	Z 10 02 02 013 002		
龙芽草	Z 10 02 02 013 002 001	*Agrimonia pilosa*	老鹤嘴、毛脚茵
鸢尾科	Z 10 02 02 014		
射干属	Z 10 02 02 014 001		
射干	Z 10 02 02 014 001 001	*Belamcanda chinensis*	野萱花
桑科	Z 10 02 02 015		
葎草属	Z 10 02 02 015 001		
啤酒花	Z 10 02 02 015 001 001	*Humulus lupulus*	
芸香科	Z 10 02 02 016		
白鲜属	Z 10 02 02 016 001		
白鲜	Z 10 02 02 016 001 001	*Dictamnus dasycarpus*	八股牛
藤黄科	Z 10 02 02 017		
金丝桃属	Z 10 02 02 017 001		
贯叶连翘	Z 10 02 02 017 001 001	*Hypericum perforatum*	千层楼
酢浆草科	Z 10 02 02 018		
酢浆草属	Z 10 02 02 018 001		
酢浆草	Z 10 02 02 018 001 001	*Oxalis corniculata*	酸味草、斑鸠酸

（续表）

物种名称	代　码	拉丁名	别　名
败酱科	Z 10 02 02 019		
败酱属	Z 10 02 02 019 001		
白花败酱	Z 10 02 02 019 001 001	*Patrinia villosa*	
岩败酱	Z 10 02 02 019 001 002	*Patrinia rupestris*	
缬草属	Z 10 02 02 019 002		
蜘蛛香	Z 10 02 02 019 002 001	*Valeriana jatamansi*	马蹄香
缬草	Z 10 02 02 019 002 002	*Valeriana officinalis*	
紫草科	Z 10 02 02 020		
紫草属	Z 10 02 02 020 001		
紫草	Z 10 02 02 020 001 001	*Lithospermum erythrorhizon*	
报春花科	Z 10 02 02 021		
珍珠菜属	Z 10 02 02 021 001		
矮桃	Z 10 02 02 021 001 001	*Lysimachia clethroides*	珍珠草
过路黄	Z 10 02 02 021 001 002	*Lysimachia christinae*	金钱草、真金草
胡椒科	Z 10 02 02 022		
胡椒属	Z 10 02 02 022 001		
假蒟	Z 10 02 02 022 001 001	*Piper sarmentosum*	
兰科	Z 10 02 02 023		
白及属	Z 10 02 02 023 001		
白及	Z 10 02 02 023 001 001	*Bletilla striata*	
天麻属	Z 10 02 02 023 002		
天麻	Z 10 02 02 023 002 001	*Gastrodia elata*	赤箭
芋兰属	Z 10 02 02 023 003		
毛唇芋兰	Z 10 02 02 023 003 001	*Nervilia fordii*	

（续表）

物种名称	代 码	拉丁名	别 名
五加科	Z 10 02 02 024		
人参属	Z 10 02 02 024 001		
人参	Z 10 02 02 024 001 001	*Panax ginseng*	棒槌
三七	Z 10 02 02 024 001 002	*Panax notoginseng*	田七
西洋参	Z 10 02 02 024 001 003	*Panax quinquefolium*	花旗参
竹节参	Z 10 02 02 024 001 004	*Panax japonicus*	大叶三七
玄参科	Z 10 02 02 025		
地黄属	Z 10 02 02 025 001		
地黄	Z 10 02 02 025 001 001	*Rehmannia glutinosa*	
毛地黄属	Z 10 02 02 025 002		
毛花洋地黄	Z 10 02 02 025 002 001	*Digitalis lanata*	
玄参属	Z 10 02 02 025 003		
玄参	Z 10 02 02 025 003 001	*Scrophularia ningpoensis*	元参
夹竹桃科	Z 10 02 02 026		
长春花属	Z 10 02 02 026 001		
长春花	Z 10 02 02 026 001 001	*Catharanthus roseus*	雁来红、日日新
蔓长春花属	Z 10 02 02 026 002		
小蔓长春花	Z 10 02 02 026 002 001	*Vinca minor*	
毛茛科	Z 10 02 02 027		
乌头属	Z 10 02 02 027 001		
乌头	Z 10 02 02 027 001 001	*Aconitum carmichaeli*	草乌、乌药
北乌头	Z 10 02 02 027 001 002	*Aconitum kusnezoffii*	草乌
黄连属	Z 10 02 02 027 002		
黄连	Z 10 02 02 027 002 001	*Coptis chinensis*	

（续表）

物种名称	代　码	拉丁名	别　名
三角叶黄连	Z 10 02 02 027 002 002	*Coptis deltoidea*	
金莲花属	Z 10 02 02 027 003		
金莲花	Z 10 02 02 027 003 001	*Trollius chinensis*	
芍药属	Z 10 02 02 027 004		
草芍药	Z 10 02 02 027 004 001	*Paeonia obovata*	山芍药、野芍药
芍药	Z 10 02 02 027 004 002	*Paeonia lactiflora*	
升麻属	Z 10 02 02 027 005		
单穗升麻	Z 10 02 02 027 005 001	*Cimicifuga simplex*	
石竹科	Z 10 02 02 028		
孩儿参属	Z 10 02 02 028 001		
孩儿参	Z 10 02 02 028 001 001	*Pseudostellaria heterophylla*	太子参
剪秋罗属	Z 10 02 02 028 002		
剪红纱花	Z 10 02 02 028 002 001	*Lychnis senno*	汉宫秋、散血沙
石竹属	Z 10 02 02 028 003		
瞿麦	Z 10 02 02 028 003 001	*Dianthus superbus*	
罂粟科	Z 10 02 02 029		
白屈菜属	Z 10 02 02 029 001		
白屈菜	Z 10 02 02 029 001 001	*Chelidonium majus*	断肠草
紫堇属	Z 10 02 02 029 002		
延胡索	Z 10 02 02 029 002 001	*Corydalis yanhusuo*	元胡
百部科	Z 10 02 02 030		
百部属	Z 10 02 02 030 001		
大百部	Z 10 02 02 030 001 001	*Stemona tuberosa*	
蔓生百部	Z 10 02 02 030 001 002	*Stemona japonica*	百部

（续表）

物种名称	代　码	拉丁名	别　名
车前科	Z 10 02 02 031		
车前属	Z 10 02 02 031 001		
车前	Z 10 02 02 031 001 001	*Plantago asiatica*	车轮草、猪耳草
川续断科	Z 10 02 02 032		
川续断属	Z 10 02 02 032 001		
川续断	Z 10 02 02 032 001 001	*Dipsacus asperoides*	
灯心草科	Z 10 02 02 033		
灯心草属	Z 10 02 02 033 001		
灯心草	Z 10 02 02 033 001 001	*Juncus effusus*	
橄榄科	Z 10 02 02 034		
没药属	Z 10 02 02 034 001		
没药	Z 10 02 02 034 001 001	*Commiphora myrrha*	末药
桔梗科	Z 10 02 02 035		
半边莲属	Z 10 02 02 035 001		
半边莲	Z 10 02 02 035 001 001	*Lobelia chinensis*	急解索
桔梗属	Z 10 02 02 035 002		
桔梗	Z 10 02 02 035 002 001	*Platycodon grandiflorus*	铃铛花
沙参属	Z 10 02 02 035 003		
沙参	Z 10 02 02 035 003 001	*Adenophora stricta*	
列当科	Z 10 02 02 036		
肉苁蓉属	Z 10 02 02 036 001		
肉苁蓉	Z 10 02 02 036 001 001	*Cistanche deserticola*	苁蓉、大芸
龙胆科	Z 10 02 02 037		
龙胆属	Z 10 02 02 037 001		

（续表）

物种名称	代　码	拉丁名	别　名
条叶龙胆	Z 10 02 02 037 001 001	*Gentiana manshurica*	东北龙胆
马兜铃科	Z 10 02 02 038		
马兜铃属	Z 10 02 02 038 001		
马兜铃	Z 10 02 02 038 001 001	*Aristolochia debilis*	蛇参果
细辛属	Z 10 02 02 038 002		
细辛	Z 10 02 02 038 002 001	*Asarum sieboldii*	华细辛
辽细辛	Z 10 02 02 038 002 002	*Asarum heterotropoides* var. *mandshuricum*	东北细辛
三白草科	Z 10 02 02 039		
蕺菜属	Z 10 02 02 039 001		
鱼腥草	Z 10 02 02 039 001 001	*Houttuynia cordata*	蕺菜
三白草属	Z 10 02 02 039 002		
三白草	Z 10 02 02 039 002 001	*Saururus chinensis*	
商陆科	Z 10 02 02 040		
商陆属	Z 10 02 02 040 001		
商陆	Z 10 02 02 040 001 001	*Phytolacca acinosa*	山萝卜
小檗科	Z 10 02 02 041		
鬼臼属	Z 10 02 02 041 001		
八角莲	Z 10 02 02 041 001 001	*Dysosma versipellis*	
山荷叶属	Z 10 02 02 041 002		
南方山荷叶	Z 10 02 02 041 002 001	*Diphylleia sinensis*	江边一碗水
远志科	Z 10 02 02 042		
远志属	Z 10 02 02 042 001		
远志	Z 10 02 02 042 001 001	*Polygala tenuifolia*	线儿茶
菌类	Z 10 03		

（续表）

物种名称	代　码	拉丁名	别　名
	Z 10 03 01		
伞菌目	Z 10 03 01 001		
白蘑科	Z 10 03 01 001 001		
雷丸	Z 10 03 01 001 001 001	*Omphalia lapidescens*	竹苓、雷实
多孔菌目	Z 10 03 01 002		
灵芝科	Z 10 03 01 002 001		
灵芝	Z 10 03 01 002 001 001	*Ganoderma lucidum*	
多孔菌科	Z 10 03 01 002 002		
云芝	Z 10 03 01 002 002 001	*Coriolus versicolor*	
茯苓	Z 10 03 01 002 002 002	*Poria cocos*	
猪苓	Z 10 03 01 002 002 003	*Polyporus umbellatus*	猪茯苓
球壳目	Z 10 03 01 003		
麦角菌科	Z 10 03 01 003 001		
麦角	Z 10 03 01 003 001 001	*Claviceps purpurea*	麦角菌
冬虫夏草菌	Z 10 03 01 003 001 002	*cordyceps sinensis*	
鬼笔目	Z 10 03 01 004		
鬼笔科	Z 10 03 01 004 001		
竹荪	Z 10 03 01 004 001 001	*Dictyophora indusiata*	竹参
藤本	Z 10 04		
	Z 10 04 01		
马钱科	Z 10 04 01 001		
钩吻属	Z 10 04 01 001 001		
钩吻	Z 10 04 01 001 001 001	*Gelsemium elegans*	胡蔓藤
薯蓣科	Z 10 04 01 002		
薯蓣属	Z 10 04 01 002 001		

（续表）

物种名称	代 码	拉丁名	别 名
黄独	Z 10 04 01 002 001 001	*Dioscorea bulbifera*	山慈姑
葫芦科	Z 10 04 01 003		
罗汉果属	Z 10 04 01 003 001		
罗汉果	Z 10 04 01 003 001 001	*Siraitia grosuenorii*	神仙果
绞股蓝属	Z 10 04 01 003 002		
绞股蓝	Z 10 04 01 003 002 001	*Gynostemma pentaphyllum*	
芸香科	Z 10 04 01 004		
花椒属	Z 10 04 01 004 001		
两面针	Z 10 04 01 004 001 001	*Zanthoxylum nitidum*	
茜草科	Z 10 04 01 005		
钩藤属	Z 10 04 01 005 001		
钩藤	Z 10 04 01 005 001 001	*Uncaria rhynchophylla*	鹰爪风
胡椒科	Z 10 04 01 006		
胡椒属	Z 10 04 01 006 001		
荜茇	Z 10 04 01 006 001 001	*Piper longum*	
山蒟	Z 10 04 01 006 001 002	*Piper hancei*	
木兰科	Z 10 04 01 007		
五味子属	Z 10 04 01 007 001		
华中五味子	Z 10 04 01 007 001 001	*Schisandra sphenanthera*	
绿叶五味子	Z 10 04 01 007 001 002	*Schisandra viridis*	
木犀科	Z 10 04 01 008		
素馨属	Z 10 04 01 008 001		
桂叶素馨	Z 10 04 01 008 001 001	*Jasminum laurifolium*	岭南茉莉
亮叶素馨	Z 10 04 01 008 001 002	*Jasminum seguinii*	亮叶茉莉
扭肚藤	Z 10 04 01 008 001 003	*Jasminum elongatum*	白金银花

（续表）

物种名称	代 码	拉丁名	别 名
忍冬科	Z 10 04 01 009		
忍冬属	Z 10 04 01 009 001		
短柄忍冬	Z 10 04 01 009 001 001	*Lonicera pampaninii*	
忍冬	Z 10 04 01 009 001 002	*Lonicera japonica*	金银花
毛茛科	Z 10 04 01 010		
铁线莲属	Z 10 04 01 010 001		
绣球藤	Z 10 04 01 010 001 001	*Clematis montana*	淮木通
桔梗科	Z 10 04 01 011		
党参属	Z 10 04 01 011 001		
党参	Z 10 04 01 011 001 001	*Codonopsis pilosula*	
川党参	Z 10 04 01 011 001 002	*Codonopsis tangshen*	
马兜铃科	Z 10 04 01 012		
马兜铃属	Z 10 04 01 012 001		
管花马兜铃	Z 10 04 01 012 001 001	*Aristolochia tubiflora*	一点血
北马兜铃	Z 10 04 01 012 001 002	*Aristolochia contorta*	铁扁担
耳叶马兜铃	Z 10 04 01 012 001 003	*Aristolochia tagala*	
木通科	Z 10 04 01 013		
木通属	Z 10 04 01 013 001		
三叶木通	Z 10 04 01 013 001 001	*Akebia trifoliata*	三叶拿藤
木通	Z 10 04 01 013 001 002	*Akebia quinata*	附支
花卉类	Z 11		
一、二年生花卉	Z 11 01		
	Z 11 01 01		
禾本科	Z 11 01 01 001		
早熟禾属	Z 11 01 01 001 001		

（续表）

物种名称	代　码	拉丁名	别　名
早熟禾	Z 11 01 01 001 001 001	*Poa annua*	
蓼科	Z 11 01 01 002		
蓼属	Z 11 01 01 002 001		
红蓼	Z 11 01 01 002 001 001	*Polygonum orientale*	狗尾巴花
大戟科	Z 11 01 01 003		
大戟属	Z 11 01 01 003 001		
猩猩草	Z 11 01 01 003 001 001	*Euphorbia cyathophora*	草一品红
银边翠	Z 11 01 01 003 001 002	*Euphorbia marginata*	高山积雪
十字花科	Z 11 01 01 004		
芸薹属	Z 11 01 01 004 001		
羽衣甘蓝	Z 11 01 01 004 001 001	*Brassica oleracea* var. *acephala* f. *tricolor*	
屈曲花属	Z 11 01 01 004 002		
屈曲花	Z 11 01 01 004 002 001	*Iberis amara*	珍珠球
诸葛菜属	Z 11 01 01 004 003		
二月兰	Z 11 01 01 004 003 001	*Orychophragmus violaceus*	
紫罗兰属	Z 11 01 01 004 004		
紫罗兰	Z 11 01 01 004 004 001	*Matthiola incana*	
菊科	Z 11 01 01 005		
百日菊属	Z 11 01 01 005 001		
小百日草	Z 11 01 01 005 001 001	*Zinnia angustifolia*	小百日菊
百日草	Z 11 01 01 005 001 002	*Zinnia elegans*	节节高
翠菊属	Z 11 01 01 005 002		
翠菊	Z 11 01 01 005 002 001	*Callistephus chinensis*	五月菊
堆心菊属	Z 11 01 01 005 003		

（续表）

物种名称	代　码	拉丁名	别　名
堆心菊	Z 11 01 01 005 003 001	*Heleniun bigelovii*	翼锦鸡菊
美兰菊属	Z 11 01 01 005 004		
黄帝菊	Z 11 01 01 005 004 001	*Melampodium paludosum*	美兰菊
藿香蓟属	Z 11 01 01 005 005		
藿香蓟	Z 11 01 01 005 005 001	*Ageratum conyzoides*	
大花藿香蓟	Z 11 01 01 005 005 002	*Ageratum houstonianum*	熊耳草
金盏花属	Z 11 01 01 005 006		
金盏花	Z 11 01 01 005 006 001	*Calendula officinalis*	金盏菊
秋英属	Z 11 01 01 005 007		
波斯菊	Z 11 01 01 005 007 001	*Cosmos bipinnata*	秋英
硫华菊	Z 11 01 01 005 007 002	*Cosmos sulphureus*	黄秋英
蛇目菊属	Z 11 01 01 005 008		
蛇目菊	Z 11 01 01 005 008 001	*Sanvitalia procumbens*	小波斯菊
矢车菊属	Z 11 01 01 005 009		
矢车菊	Z 11 01 01 005 009 001	*Centaurea cyanus*	车轮花
天人菊属	Z 11 01 01 005 010		
天人菊	Z 11 01 01 005 010 001	*Gaillardia pulchella*	虎皮菊
茼蒿属	Z 11 01 01 005 011		
白晶菊	Z 11 01 01 005 011 001	*Chrysanthemum paludosum*	小白菊
万寿菊属	Z 11 01 01 005 012		
万寿菊	Z 11 01 01 005 012 001	*Tagetes erecta*	臭芙蓉
孔雀草	Z 11 01 01 005 012 002	*Tagetes patula*	小万寿菊
异果菊属	Z 11 01 01 005 013		
异果菊	Z 11 01 01 005 013 001	*Dimorphotheca sinuata*	铜钱花
茄科	Z 11 01 01 006		

（续表）

物种名称	代　码	拉丁名	别　名
烟草属	Z 11 01 01 006 001		
花烟草	Z 11 01 01 006 001 001	*Nicotiana alata*	美花烟草
红花烟草	Z 11 01 01 006 001 002	*Nicotiana×sanderae*	
布洛华丽属	Z 11 01 01 006 002		
布洛华丽	Z 11 01 01 006 002 001	*Browallia speciosa*	蓝英花
旋花科	Z 11 01 01 007		
茑萝属	Z 11 01 01 007 001		
羽叶茑萝	Z 11 01 01 007 001 001	*Quamoclit pinnata*	
橙红茑萝	Z 11 01 01 007 001 002	*Quamoclit coccinea*	
牵牛属	Z 11 01 01 007 002		
牵牛	Z 11 01 01 007 002 001	*Pharbitis nil*	朝颜、喇叭花
锦葵科	Z 11 01 01 008		
木槿属	Z 11 01 01 008 001		
红秋葵	Z 11 01 01 008 001 001	*Hibiscus coccineus*	
花葵属	Z 11 01 01 008 002		
三月花葵	Z 11 01 01 008 002 001	*Lavatera trimestris*	
马齿苋科	Z 11 01 01 009		
马齿苋属	Z 11 01 01 009 001		
大花马齿苋	Z 11 01 01 009 001 001	*Portulaca grandiflora*	半支莲
苋科	Z 11 01 01 010		
苋属	Z 11 01 01 010 001		
尾穗苋	Z 11 01 01 010 001 001	*Amaranthus caudatus*	老枪谷
千日红属	Z 11 01 01 010 002		
千日红	Z 11 01 01 010 002 001	*Gomphrena globosa*	火球花
青葙属	Z 11 01 01 010 003		

（续表）

物种名称	代 码	拉丁名	别 名
鸡冠花	Z 11 01 01 010 003 001	*Celosia cristata*	
唇形科	Z 11 01 01 011		
鼠尾草属	Z 11 01 01 011 001		
一串红	Z 11 01 01 011 001 001	*Salvia splendens*	墙下红、炮仔花
一串蓝	Z 11 01 01 011 001 002	*Salvia farinacea*	蓝花鼠尾草
贝壳花属	Z 11 01 01 011 002		
贝壳花	Z 11 01 01 011 002 001	*Moluccella laevis*	领圈花
无患子科	Z 11 01 01 012		
倒地铃属	Z 11 01 01 012 001		
倒地铃	Z 11 01 01 012 001 001	*Cardiospermum halicacabum*	风船葛
玄参科	Z 11 01 01 013		
蝴蝶草属	Z 11 01 01 013 001		
夏堇	Z 11 01 01 013 001 001	*Torenia fournieri*	兰猪耳
毛蕊花属	Z 11 01 01 013 002		
毛蕊花	Z 11 01 01 013 002 001	*Verbascum thapsus*	
婆婆纳属	Z 11 01 01 013 003		
穗花婆婆纳	Z 11 01 01 013 003 001	*Veronica spicata*	
柳叶菜科	Z 11 01 01 014		
古代稀属	Z 11 01 01 014 001		
送春花	Z 11 01 01 014 001 001	*Godetia amoena*	别春花
山字草属	Z 11 01 01 014 002		
山字草	Z 11 01 01 014 002 001	*Clarkia unguiculata*	
月见草属	Z 11 01 01 014 003		
月见草	Z 11 01 01 014 003 001	*Oenothera biennis*	晚樱草

（续表）

物种名称	代　码	拉丁名	别　名
毛茛科	Z 11 01 01 015		
黑种草属	Z 11 01 01 015 001		
黑种草	Z 11 01 01 015 001 001	*Nigella damascena*	
石竹科	Z 11 01 01 016		
石竹属	Z 11 01 01 016 001		
石竹	Z 11 01 01 016 001 001	*Dianthus chinensis*	中国石竹
须苞石竹	Z 11 01 01 016 001 002	*Dianthus barbatus*	美国石竹
蝇子草属	Z 11 01 01 016 002		
矮雪轮	Z 11 01 01 016 002 001	*Silene pendula*	小町草
川续断科	Z 11 01 01 017		
蓝盆花属	Z 11 01 01 017 001		
紫盆花	Z 11 01 01 017 001 001	*Scabiosa atropurpurea*	轮锋菊
桔梗科	Z 11 01 01 018		
风铃草属	Z 11 01 01 018 001		
聚花风铃草	Z 11 01 01 018 001 001	*Campanula glomerata*	灯笼花
风铃草	Z 11 01 01 018 001 002	*Campanula medium*	钟花
龙胆科	Z 11 01 01 019		
藻百年属	Z 11 01 01 019 001		
藻百年	Z 11 01 01 019 001 001	*Exacum tetragonum*	
鸭跖草科	Z 11 01 01 020		
鸭跖草属	Z 11 01 01 020 001		
鸭跖草	Z 11 01 01 020 001 001	*Commelina communis*	
山柑科	Z 11 01 01 021		
白花菜属	Z 11 01 01 021 001		
醉蝶花	Z 11 01 01 021 001 001	*Cleome spinosa*	紫龙须

（续表）

物种名称	代　码	拉丁名	别　名
凤仙花科	Z 11 01 01 022		
凤仙花属	Z 11 01 01 022 001		
凤仙花	Z 11 01 01 022 001 001	*Impatiens balsamina*	指甲花
白花丹科	Z 11 01 01 023		
补血草属	Z 11 01 01 023 001		
勿忘我	Z 11 01 01 023 001 001	*Limonium sinuatum*	星辰花
木犀草科	Z 11 01 01 024		
木犀草属	Z 11 01 01 024 001		
木犀草	Z 11 01 01 024 001 001	*Reseda odorata*	香草
多年生花卉	Z 11 02		
宿根	Z 11 02 01		
禾本科	Z 11 02 01 001		
虉草属	Z 11 02 01 001 001		
玉带草	Z 11 02 01 001 001 001	*Phalaris arundinacea* var. *picta*	丝带草
钝叶草属	Z 11 02 01 001 002		
钝叶草	Z 11 02 01 001 002 001	*Stenotaphrum helferi*	
剪股颖属	Z 11 02 01 001 003		
匍匐剪股颖	Z 11 02 01 001 003 001	*Agrostis stolonifera*	
结缕草属	Z 11 02 01 001 004		
细叶结缕草	Z 11 02 01 001 004 001	*Zoysia tenuifolia*	天鹅绒草
马尼拉草	Z 11 02 01 001 004 002	*Zoysia matrella*	沟叶结缕草
蒲苇属	Z 11 02 01 001 005		
蒲苇	Z 11 02 01 001 005 001	*Cortaderia selloana*	
羊茅属	Z 11 02 01 001 006		
高羊茅	Z 11 02 01 001 006 001	*Festuca elata*	

（续表）

物种名称	代　码	拉丁名	别　名
蓝羊茅	Z 11 02 01 001 006 002	*Festuca glauca*	银羊茅
野牛草属	Z 11 02 01 001 007		
野牛草	Z 11 02 01 001 007 001	*Buchloe dactyloides*	
豆科	Z 11 02 01 002		
羽扇豆属	Z 11 02 01 002 001		
多叶羽扇豆	Z 11 02 01 002 001 001	*Lupinus polyphyllus*	
含羞草属	Z 11 02 01 002 002		
含羞草	Z 11 02 01 002 002 001	*Mimosa pudica*	知羞草、怕丑草
锦葵科	Z 11 02 01 003		
木槿属	Z 11 02 01 003 001		
芙蓉葵	Z 11 02 01 003 001 001	*Hibiscus moscheutos*	
秋葵属	Z 11 02 01 003 002		
黄蜀葵	Z 11 02 01 003 002 001	*Abelmoschus manihot*	黄芙蓉
锦葵属	Z 11 02 01 003 003		
锦葵	Z 11 02 01 003 003 001	*Malva sinensis*	小钱花
蜀葵属	Z 11 02 01 003 004		
蜀葵	Z 11 02 01 003 004 001	*Althaea rosea*	一丈红
亚麻科	Z 11 02 01 004		
亚麻属	Z 11 02 01 004 001		
宿根亚麻	Z 11 02 01 004 001 001	*Linum perenne*	
荨麻科	Z 11 02 01 005		
冷水花属	Z 11 02 01 005 001		
冷水花	Z 11 02 01 005 001 001	*Pilea notata*	透明草
泡叶冷水花	Z 11 02 01 005 001 002	*Pilea nummulariifolia*	

（续表）

物种名称	代　码	拉丁名	别　名
萝藦科	Z 11 02 01 006		
钉头果属	Z 11 02 01 006 001		
钉头果	Z 11 02 01 006 001 001	*Gomphocarpus fruticosus*	气球果、气球花
吊灯花属	Z 11 02 01 006 002		
吊金钱	Z 11 02 01 006 002 001	*Ceropegia woodii*	心心相印
马利筋属	Z 11 02 01 006 003		
马利筋	Z 11 02 01 006 003 001	*Asclepias curassavica*	金凤花
球兰属	Z 11 02 01 006 004		
球兰	Z 11 02 01 006 004 001	*Hoya carnosa*	狗舌藤
十字花科	Z 11 02 01 007		
桂竹香属	Z 11 02 01 007 001		
桂竹香	Z 11 02 01 007 001 001	*Cheiranthus cheiri*	
香雪球属	Z 11 02 01 007 002		
香雪球	Z 11 02 01 007 002 001	*Lobularia maritima*	庭芥
菊科	Z 11 02 01 008		
菊属	Z 11 02 01 008 001		
菊花	Z 11 02 01 008 001 001	*Dendranthema morifolium*	
野菊	Z 11 02 01 008 001 002	*Dendranthema indicum*	路边黄
紫菀属	Z 11 02 01 008 002		
荷兰菊	Z 11 02 01 008 002 001	*Aster novi-belgii*	纽约紫菀
天人菊属	Z 11 02 01 008 003		
宿根天人菊	Z 11 02 01 008 003 001	*Gaillardia aristata*	车轮菊
滨菊属	Z 11 02 01 008 004		
滨菊	Z 11 02 01 008 004 001	*Leucanthemum vulgare*	

（续表）

物种名称	代　码	拉丁名	别　名
雏菊属	Z 11 02 01 008 005		
雏菊	Z 11 02 01 008 005 001	*Bellis perennis*	马头兰花
春黄菊属	Z 11 02 01 008 006		
春黄菊	Z 11 02 01 008 006 001	*Anthemis tinctoria*	西洋菊
大丁草属	Z 11 02 01 008 007		
非洲菊	Z 11 02 01 008 007 001	*Gerbera jamesonii*	扶郎花
大丽花属	Z 11 02 01 008 008		
大丽花	Z 11 02 01 008 008 001	*Dahlia pinnata*	大理花、天竺牡丹
大吴风草属	Z 11 02 01 008 009		
大吴风草	Z 11 02 01 008 009 001	*Farfugium japonicum*	活血莲
飞蓬属	Z 11 02 01 008 010		
飞蓬	Z 11 02 01 008 010 001	*Erigeron acer*	
金光菊属	Z 11 02 01 008 011		
二色金光菊	Z 11 02 01 008 011 001	*Rudbeckia bicolor*	
黑心金光菊	Z 11 02 01 008 011 002	*Rudbeckia hirta*	
金光菊	Z 11 02 01 008 011 003	*Rudbeckia laciniata*	
金鸡菊属	Z 11 02 01 008 012		
大花金鸡菊	Z 11 02 01 008 012 001	*Coreopsis grandiflora*	大花波斯菊
金钮扣属	Z 11 02 01 008 013		
桂圆菊	Z 11 02 01 008 013 001	*Spilanthes paniculata*	金纽扣
蜡菊属	Z 11 02 01 008 014		
麦杆菊	Z 11 02 01 008 014 001	*Helichrysum bracteatum*	蜡菊
木茼蒿属	Z 11 02 01 008 015		
木茼蒿	Z 11 02 01 008 015 001	*Argyranthemum frutescens*	

（续表）

物种名称	代　码	拉丁名	别　名
骨子菊属	Z 11 02 01 008 016		
南非万寿菊	Z 11 02 01 008 016 001	*Osteospermum ecklonis*	
蒲公英属	Z 11 02 01 008 017		
蒲公英	Z 11 02 01 008 017 001	*Taraxacum mongolicum*	黄花地丁、婆婆丁
千里光属	Z 11 02 01 008 018		
银叶菊	Z 11 02 01 008 018 001	*Senecio cineraria*	
瓜叶菊属	Z 11 02 01 008 019		
瓜叶菊	Z 11 02 01 008 019 001	*Pericallis hybrida*	富贵菊
蛇鞭菊属	Z 11 02 01 008 020		
蛇鞭菊	Z 11 02 01 008 020 001	*Liatris spicata*	麒麟菊
蓍属	Z 11 02 01 008 021		
千叶蓍	Z 11 02 01 008 021 001	*Achillea millefolium*	
凤尾蓍	Z 11 02 01 008 021 002	*Achillea filipendulina*	
勋章菊属	Z 11 02 01 008 022		
勋章菊	Z 11 02 01 008 022 001	*Gazania rigens*	非洲太阳花
一枝黄花属	Z 11 02 01 008 023		
加拿大一枝黄花	Z 11 02 01 008 023 001	*Solidago canadensis*	黄莺
肿柄菊属	Z 11 02 01 008 024		
圆叶肿柄菊	Z 11 02 01 008 024 001	*Tithonia rotundifolia*	
松果菊属	Z 11 02 01 008 025		
紫松果菊	Z 11 02 01 008 025 001	*Echinacea purpurea*	紫锥菊
藜科	Z 11 02 01 009		
地肤属	Z 11 02 01 009 001		
地肤	Z 11 02 01 009 001 001	*Kochia scoparia*	地麦、落帚

（续表）

物种名称	代　码	拉丁名	别　名
茄科	Z 11 02 01 010		
茄属	Z 11 02 01 010 001		
乳茄	Z 11 02 01 010 001 001	*Solanum mammosum*	黄金果、五指茄
辣椒属	Z 11 02 01 010 002		
五色椒	Z 11 02 01 010 002 001	*Capsicum frutescens* var. *cerasiforme*	
碧冬茄属	Z 11 02 01 010 003		
矮牵牛	Z 11 02 01 010 003 001	*Petunia hybrida*	碧冬茄
天南星科	Z 11 02 01 011		
广东万年青属	Z 11 02 01 011 001		
广东万年青	Z 11 02 01 011 001 001	*Aglaonema modestum*	
海芋属	Z 11 02 01 011 002		
尖尾芋	Z 11 02 01 011 002 001	*Alocasia cucullata*	观音莲
合果芋属	Z 11 02 01 011 003		
合果芋	Z 11 02 01 011 003 001	*Syngonium podophyllum*	
白鹤芋属	Z 11 02 01 011 004		
白鹤芋	Z 11 02 01 011 004 001	*Spathiphyllum kochii*	白掌、和平芋
花叶万年青属	Z 11 02 01 011 005		
花叶万年青	Z 11 02 01 011 005 001	*Dieffenbachia picta*	
花烛属	Z 11 02 01 011 006		
火鹤花	Z 11 02 01 011 006 001	*Anthurium scherzerianum*	安祖花、红鹤芋
雪铁芋属	Z 11 02 01 011 007		
雪铁芋	Z 11 02 01 011 007 001	*Zamioculcas zamiifolia*	金钱树
喜林芋属	Z 11 02 01 011 008		

（续表）

物种名称	代　码	拉丁名	别　名
绿宝石喜林芋	Z 11 02 01 011 008 001	*Philodendron erubescens* 'Green Emerald'	长心叶绿蔓绒
红苞喜林芋	Z 11 02 01 011 008 002	*Philodendron erubescens*	
春羽	Z 11 02 01 011 008 003	*Philodendron selloum*	
麒麟叶属	Z 11 02 01 011 009		
绿萝	Z 11 02 01 011 009 001	*Epipremnum aureum*	
龟背竹属	Z 11 02 01 011 010		
龟背竹	Z 11 02 01 011 010 001	*Monstera deliciosa*	蓬莱蕉
姜科	Z 11 02 01 012		
山姜属	Z 11 02 01 012 001		
山姜	Z 11 02 01 012 001 001	*Alpinia japonica*	箭杆风
艳山姜	Z 11 02 01 012 001 002	*Alpinia zerumbet*	
闭鞘姜属	Z 11 02 01 012 002		
闭鞘姜	Z 11 02 01 012 002 001	*Costus speciosus*	广商陆
旋花科	Z 11 02 01 013		
马蹄金属	Z 11 02 01 013 001		
马蹄金	Z 11 02 01 013 001 001	*Dichondra repens*	荷苞草
牵牛属	Z 11 02 01 013 002		
圆叶牵牛	Z 11 02 01 013 002 001	*Pharbitis purpurea*	小花牵牛
金鱼花属	Z 11 02 01 013 003		
金鱼花	Z 11 02 01 013 003 001	*Mina lobata*	裂叶茑萝
番杏科	Z 11 02 01 014		
露草属	Z 11 02 01 014 001		
露草	Z 11 02 01 014 001 001	*Aptenia cordifolia*	心叶冰花
生石花属	Z 11 02 01 014 002		

（续表）

物种名称	代　码	拉丁名	别　名
日轮玉	Z 11 02 01 014 002 001	*Lithops aucampiae*	
苋科	Z 11 02 01 015		
莲子草属	Z 11 02 01 015 001		
五色苋	Z 11 02 01 015 001 001	*Alternanthera bettzickiana*	锦绣苋
血苋属	Z 11 02 01 015 002		
红叶苋	Z 11 02 01 015 002 001	*Iresine herbstii*	血苋
百合科	Z 11 02 01 016		
葱属	Z 11 02 01 016 001		
大花葱	Z 11 02 01 016 001 001	*Allium giganteum*	
萱草属	Z 11 02 01 016 002		
萱草	Z 11 02 01 016 002 001	*Hemerocallis fulva*	忘忧草
大花萱草	Z 11 02 01 016 002 002	*Hemerocallis middendorfii*	
沿阶草属	Z 11 02 01 016 003		
沿阶草	Z 11 02 01 016 003 001	*Ophiopogon bodinieri*	绣墩草
吊兰属	Z 11 02 01 016 004		
吊兰	Z 11 02 01 016 004 001	*Chlorophytum comosum*	
虎眼万年青属	Z 11 02 01 016 005		
虎眼万年青	Z 11 02 01 016 005 001	*Ornithogalum caudatum*	海葱
火把莲属	Z 11 02 01 016 006		
火炬花	Z 11 02 01 016 006 001	*Kniphofia uvaria*	火把莲
吉祥草属	Z 11 02 01 016 007		
吉祥草	Z 11 02 01 016 007 001	*Reineckia carnea*	松寿兰
锦枣儿属	Z 11 02 01 016 008		
锦枣儿	Z 11 02 01 016 008 001	*Scilla scilloides*	
铃兰属	Z 11 02 01 016 009		

（续表）

物种名称	代　码	拉丁名	别　名
铃兰	Z 11 02 01 016 009 001	*Convallaria majalis*	君影草
龙血树属	Z 11 02 01 016 010		
富贵竹	Z 11 02 01 016 010 001	*Dracaena sanderiana*	开运竹
山麦冬属	Z 11 02 01 016 011		
山麦冬	Z 11 02 01 016 011 001	*Liriope spicata*	
阔叶山麦冬	Z 11 02 01 016 011 002	*Liriope platyphylla*	
玉簪属	Z 11 02 01 016 012		
玉簪	Z 11 02 01 016 012 001	*Hosta plantaginea*	白鹤花
紫萼	Z 11 02 01 016 012 002	*Hosta ventricosa*	
蜘蛛抱蛋属	Z 11 02 01 016 013		
一叶兰	Z 11 02 01 016 013 001	*Aspidistra elatior*	蜘蛛抱蛋
万年青属	Z 11 02 01 016 014		
万年青	Z 11 02 01 016 014 001	*Rohdea japonica*	
虎尾兰属	Z 11 02 01 016 015		
虎尾兰	Z 11 02 01 016 015 001	*Sansevieria trifasciata*	虎皮兰
唇形科	Z 11 02 01 017		
水苏属	Z 11 02 01 017 001		
绵毛水苏	Z 11 02 01 017 001 001	*Stachys lanata*	
百里香属	Z 11 02 01 017 002		
百里香	Z 11 02 01 017 002 001	*Thymus mongolicus*	
鼠尾草属	Z 11 02 01 017 003		
朱唇	Z 11 02 01 017 003 001	*Salvia coccinea*	
筋骨草属	Z 11 02 01 017 004		
匍匐筋骨草	Z 11 02 01 017 004 001	*Ajuga reptans*	
活血丹属	Z 11 02 01 017 005		

（续表）

物种名称	代码	拉丁名	别名
活血丹	Z 11 02 01 017 005 001	*Glechoma longituba*	连钱草
牛至属	Z 11 02 01 017 006		
牛至	Z 11 02 01 017 006 001	*Origanum vulgare*	苏子草
鞘蕊花属	Z 11 02 01 017 007		
彩叶草	Z 11 02 01 017 007 001	*Coleus scutellarioides*	
薄荷属	Z 11 02 01 017 008		
柠檬薄荷	Z 11 02 01 017 008 001	*Mentha citrata*	
蜜蜂花属	Z 11 02 01 017 009		
香蜂花	Z 11 02 01 017 009 001	*Melissa officinalis*	薄荷香脂
美国薄荷属	Z 11 02 01 017 010		
美国薄荷	Z 11 02 01 017 010 001	*Monarda didyma*	马薄荷
迷迭香属	Z 11 02 01 017 011		
迷迭香	Z 11 02 01 017 011 001	*Rosmarinus officinalis*	
随意草属	Z 11 02 01 017 012		
随意草	Z 11 02 01 017 012 001	*Physostegia virginiana*	芝麻花
莎草科	Z 11 02 01 018		
薹草属	Z 11 02 01 018 001		
卵穗苔草	Z 11 02 01 018 001 001	*Carex duriuscula*	
蔷薇科	Z 11 02 01 019		
蛇莓属	Z 11 02 01 019 001		
蛇莓	Z 11 02 01 019 001 001	*Duchesnea indica*	龙吐珠
委陵菜属	Z 11 02 01 019 002		
委陵菜	Z 11 02 01 019 002 001	*Potentilla chinensis*	大青地白
蚊子草属	Z 11 02 01 019 003		
蚊子草	Z 11 02 01 019 003 001	*Filipendula palmata*	合叶子

（续表）

物种名称	代　码	拉丁名	别　名
葡萄科	Z 11 02 01 020		
白粉藤属	Z 11 02 01 020 001		
栎叶粉藤	Z 11 02 01 020 001 001	*Cissus rhombifolia* 'Ellen Danica'	
凤梨科	Z 11 02 01 021		
凤梨属	Z 11 02 01 021 001		
艳凤梨	Z 11 02 01 021 001 001	*Ananas comosus* 'Variegatus'	斑叶凤梨
姬凤梨属	Z 11 02 01 021 002		
姬凤梨	Z 11 02 01 021 002 001	*Cryptanthus acaulis*	紫锦凤梨
光萼荷属	Z 11 02 01 021 003		
美叶光萼荷	Z 11 02 01 021 003 001	*Aechmea fasciata*	
果子蔓属	Z 11 02 01 021 004		
果子蔓	Z 11 02 01 021 004 001	*Guzmania atilla*	擎天凤梨
丽穗凤梨属	Z 11 02 01 021 005		
莺歌凤梨	Z 11 02 01 021 005 001	*Vriesea carinata*	珊瑚化凤梨
火剑凤梨	Z 11 02 01 021 005 002	*Vriesea splendens*	虎纹凤梨
水塔花属	Z 11 02 01 021 006		
水塔花	Z 11 02 01 021 006 001	*Billbergia pyramidalis*	火焰凤梨
垂花水塔花	Z 11 02 01 021 006 002	*Billbergia nutans*	狭叶水塔花
铁兰属	Z 11 02 01 021 007		
铁兰	Z 11 02 01 021 007 001	*Tillandsia cyanea*	紫花凤梨
羞凤梨属	Z 11 02 01 021 008		
羞凤梨	Z 11 02 01 021 008 001	*Neoregelia spectabilis*	
彩叶凤梨	Z 11 02 01 021 008 002	*Neoregelia carolinae*	贞凤梨
酢浆草科	Z 11 02 01 022		

（续表）

物种名称	代　码	拉丁名	别　名
酢浆草属	Z 11 02 01 022 001		
红花酢浆草	Z 11 02 01 022 001 001	*Oxalis corymbosa*	大酸味草
仙人掌科	Z 11 02 01 023		
令箭荷花属	Z 11 02 01 023 001		
令箭荷花	Z 11 02 01 023 001 001	*Nopalxochia ackermannii*	孔雀兰
报春花科	Z 11 02 01 024		
珍珠菜属	Z 11 02 01 024 001		
金叶过路黄	Z 11 02 01 024 001 001	*Lysimachia nummularia* ‘Aurea’	金钱草
报春花属	Z 11 02 01 024 002		
报春花	Z 11 02 01 024 002 001	*Primula malacoides*	
四季报春	Z 11 02 01 024 002 002	*Primula obconica*	仙鹤莲
藏报春	Z 11 02 01 024 002 003	*Primula sinensis*	年景花
多花报春	Z 11 02 01 024 002 004	*Primula×polyantha*	西洋樱草
仙客来属	Z 11 02 01 024 003		
仙客来	Z 11 02 01 024 003 001	*Cyclamen persicum*	一品冠
马鞭草科	Z 11 02 01 025		
马鞭草属	Z 11 02 01 025 001		
美女樱	Z 11 02 01 025 001 001	*Verbena hybrida*	草五色梅
细叶美女樱	Z 11 02 01 025 001 002	*Verbena tenera*	
牻牛儿苗科	Z 11 02 01 026		
天竺葵属	Z 11 02 01 026 001		
大花天竺葵	Z 11 02 01 026 001 001	*Pelargonium domesticum*	洋蝴蝶
天竺葵	Z 11 02 01 026 001 002	*Pelargonium hortorum*	洋绣球
盾叶天竺葵	Z 11 02 01 026 001 003	*Pelargonium peltatum*	

（续表）

物种名称	代　码	拉丁名	别　名
玄参科	Z 11 02 01 027		
钓钟柳属	Z 11 02 01 027 001		
红花钓钟柳	Z 11 02 01 027 001 001	*Penstemon barbatus*	
钓钟柳	Z 11 02 01 027 001 002	*Penstemon campanulatus*	
毛地黄钓钟柳	Z 11 02 01 027 001 003	*Penstemon digitalis*	
金鱼草属	Z 11 02 01 027 002		
金鱼草	Z 11 02 01 027 002 001	*Antirrhinum majus*	
龙面花属	Z 11 02 01 027 003		
龙面花	Z 11 02 01 027 003 001	*Nemesia strumosa*	
毛地黄属	Z 11 02 01 027 004		
毛地黄	Z 11 02 01 027 004 001	*Digitalis purpurea*	洋地黄
蒲包花属	Z 11 02 01 027 005		
蒲包花	Z 11 02 01 027 005 001	*Calceolaria herbeohybrida*	元宝花
香彩雀属	Z 11 02 01 027 006		
香彩雀	Z 11 02 01 027 006 001	*Angelonia salicariifolia*	天使花
沟酸浆属	Z 11 02 01 027 007		
猴面花	Z 11 02 01 027 007 001	*Mimulus luteus*	沟酸浆
虎耳草科	Z 11 02 01 028		
矾根属	Z 11 02 01 028 001		
矾根	Z 11 02 01 028 001 001	*Heuchera micrantha*	珊瑚铃
虎耳草属	Z 11 02 01 028 002		
虎耳草	Z 11 02 01 028 002 001	*Saxifraga stolonifera*	
落新妇属	Z 11 02 01 028 003		
落新妇	Z 11 02 01 028 003 001	*Astilbe chinensis*	
夹竹桃科	Z 11 02 01 029		

（续表）

物种名称	代　码	拉丁名	别　名
蔓长春花属	Z 11 02 01 029 001		
蔓长春花	Z 11 02 01 029 001 001	*Vinca major*	攀缠长春花
爵床科	Z 11 02 01 030		
麒麟吐珠属	Z 11 02 01 030 001		
虾衣花	Z 11 02 01 030 001 001	*Calliaspidia guttata*	麒麟吐珠
枪刀药属	Z 11 02 01 030 002		
枪刀药	Z 11 02 01 030 002 001	*Hypoestes purpurea*	
网纹草属	Z 11 02 01 030 003		
白网纹草	Z 11 02 01 030 003 001	*Fittonia verchaffeltii* var. *argyroneura*	
单药花属	Z 11 02 01 030 004		
金脉单药花	Z 11 02 01 030 004 001	*Aphelandra squarrosa* ‘Dania’	
柳叶菜科	Z 11 02 01 031		
月见草属	Z 11 02 01 031 001		
美丽月见草	Z 11 02 01 031 001 001	*Oenothera speciosa*	
海边月见草	Z 11 02 01 031 001 002	*Oenothera drummondii*	海芙蓉
山桃草属	Z 11 02 01 031 002		
山桃草	Z 11 02 01 031 002 001	*Gaura lindheimeri*	
毛茛科	Z 11 02 01 032		
白头翁属	Z 11 02 01 032 001		
白头翁	Z 11 02 01 032 001 001	*Pulsatilla chinensis*	将军草
飞燕草属	Z 11 02 01 032 002		
飞燕草	Z 11 02 01 032 002 001	*Consolida ajacis*	
翠雀属	Z 11 02 01 032 003		
穗花翠雀	Z 11 02 01 032 003 001	*Delphinium elatum*	

（续表）

物种名称	代　码	拉丁名	别　名
翠雀	Z 11 02 01 032 003 002	*Delphinium grandiflorum*	鸽子花
毛茛属	Z 11 02 01 032 004		
花毛茛	Z 11 02 01 032 004 001	*Ranunculus asiaticus*	
毛茛	Z 11 02 01 032 004 002	*Ranunculus japonicus*	
耧斗菜属	Z 11 02 01 032 005		
杂种耧斗菜	Z 11 02 01 032 005 001	*Aquilegia hybrida*	
耧斗菜	Z 11 02 01 032 005 002	*Aquilegia viridiflora*	
唐松草属	Z 11 02 01 032 006		
唐松草	Z 11 02 01 032 006 001	*Thalictrum aquilegifolium* var. *sibiricum*	草黄连
银莲花属	Z 11 02 01 032 007		
打破碗花花	Z 11 02 01 032 007 001	*Anemone hupehensis*	
侧金盏花属	Z 11 02 01 032 008		
侧金盏花	Z 11 02 01 032 008 001	*Adonis amurensis*	冰凉花
石竹科	Z 11 02 01 033		
石头花属	Z 11 02 01 033 001		
圆锥石头花	Z 11 02 01 033 001 001	*Gypsophila paniculata*	锥花丝石竹
石竹属	Z 11 02 01 033 002		
常夏石竹	Z 11 02 01 033 002 001	*Dianthus plumarius*	羽裂石竹
香石竹	Z 11 02 01 033 002 002	*Dianthus caryophyllus*	
肥皂草属	Z 11 02 01 033 003		
石碱花	Z 11 02 01 033 003 001	*Saponaria officinalis*	肥皂草
剪秋罗属	Z 11 02 01 033 004		
剪春罗	Z 11 02 01 033 004 001	*Lychnis coronata*	剪金花
皱叶剪秋罗	Z 11 02 01 033 004 002	*Lychnis chalcedonica*	皱叶剪夏罗

（续表）

物种名称	代　码	拉丁名	别　名
剪秋罗	Z 11 02 01 033 004 003	*Lychnis fulgens*	
罂粟科	Z 11 02 01 034		
罂粟属	Z 11 02 01 034 001		
鬼罂粟	Z 11 02 01 034 001 001	*Papaver orientale*	
虞美人	Z 11 02 01 034 001 002	*Papaver rhoeas*	赛牡丹
花菱草属	Z 11 02 01 034 002		
花菱草	Z 11 02 01 034 002 001	*Eschscholtzia californica*	金英花
荷包牡丹属	Z 11 02 01 034 003		
荷包牡丹	Z 11 02 01 034 003 001	*Dicentra spectabilis*	蒲包花
川续断科	Z 11 02 01 035		
蓝盆花属	Z 11 02 01 035 001		
日本蓝盆花	Z 11 02 01 035 001 001	*Scabiosa japonica*	
堇菜科	Z 11 02 01 036		
堇菜属	Z 11 02 01 036 001		
紫花地丁	Z 11 02 01 036 001 001	*Viola philippica*	野堇菜
三色堇	Z 11 02 01 036 001 002	*Viola tricolor*	
桔梗科	Z 11 02 01 037		
半边莲属	Z 11 02 01 037 001		
红花半边莲	Z 11 02 01 037 001 001	*Lobelia cardinalis*	
山梗菜	Z 11 02 01 037 001 002	*Lobelia sessilifolia*	
风铃草属	Z 11 02 01 037 002		
紫斑风铃草	Z 11 02 01 037 002 001	*Campanula puncatata*	
卷柏科	Z 11 02 01 038		
卷柏属	Z 11 02 01 038 001		
翠云草	Z 11 02 01 038 001 001	*Selaginella uncinata*	

（续表）

物种名称	代　码	拉丁名	别　名
龙胆科	Z 11 02 01 039		
龙胆属	Z 11 02 01 039 001		
龙胆	Z 11 02 01 039 001 001	*Gentiana scabra*	草龙胆
草原龙胆属	Z 11 02 01 039 002		
洋桔梗	Z 11 02 01 039 002 001	*Eustoma grandiflorum*	
鸭跖草科	Z 11 02 01 040		
紫露草属	Z 11 02 01 040 001		
白雪姬	Z 11 02 01 040 001 001	*Tradescantia sillamontana*	
紫露草	Z 11 02 01 040 001 002	*Tradescantia reflexa*	紫叶草
紫竹梅属	Z 11 02 01 040 002		
紫鸭跖草	Z 11 02 01 040 002 001	*Setcreasea purpurea*	紫竹梅
吊竹梅属	Z 11 02 01 040 003		
吊竹梅	Z 11 02 01 040 003 001	*Zebrina pendula*	吊竹兰
紫背万年青属	Z 11 02 01 040 004		
紫背万年青	Z 11 02 01 040 004 001	*Rhoeo discolor*	紫锦兰
凤仙花科	Z 11 02 01 041		
凤仙花属	Z 11 02 01 041 001		
苏丹凤仙花	Z 11 02 01 041 001 001	*Impatiens wallerana*	
新几内亚凤仙	Z 11 02 01 041 001 002	*Impatiens hawkeri*	
白花丹科	Z 11 02 01 042		
补血草属	Z 11 02 01 042 001		
宽叶补血草	Z 11 02 01 042 001 001	*Limonium latifolium*	
旱金莲科	Z 11 02 01 043		
旱金莲属	Z 11 02 01 043 001		
旱金莲	Z 11 02 01 043 001 001	*Tropaeolum majus*	旱莲花

（续表）

物种名称	代　码	拉丁名	别　名
花荵科	Z 11 02 01 044		
天蓝绣球属	Z 11 02 01 044 001		
宿根福禄考	Z 11 02 01 044 001 001	*Phlox paniculata*	
福禄考	Z 11 02 01 044 001 002	*Phlox drummondii*	雁来红
景天科	Z 11 02 01 045		
八宝属	Z 11 02 01 045 001		
八宝	Z 11 02 01 045 001 001	*Hylotelephium erythrostictum*	景天
景天属	Z 11 02 01 045 002		
佛甲草	Z 11 02 01 045 002 001	*Sedum lineare*	佛指甲
堪察加景天	Z 11 02 01 045 002 002	*Sedum kamtschaticum*	
莲花掌属	Z 11 02 01 045 003		
莲花掌	Z 11 02 01 045 003 001	*Aeonium tabuliforme*	
青锁龙属	Z 11 02 01 045 004		
青锁龙	Z 11 02 01 045 004 001	*Crassula muscosa*	若绿
长生草属	Z 11 02 01 045 005		
长生草	Z 11 02 01 045 005 001	*Sempervivum tectorum*	
苦苣苔科	Z 11 02 01 046		
大岩桐属	Z 11 02 01 046 001		
大岩桐	Z 11 02 01 046 001 001	*Sinningia speciosa*	
非洲苦苣苔属	Z 11 02 01 046 002		
非洲紫罗兰	Z 11 02 01 046 002 001	*Saintpaulia ionantha*	非洲堇
芭蕉科	Z 11 02 01 047		
鹤望兰属	Z 11 02 01 047 001		
鹤望兰	Z 11 02 01 047 001 001	*Strelitzia reginae*	天堂鸟
蝎尾蕉属	Z 11 02 01 047 002		

（续表）

物种名称	代码	拉丁名	别名
金嘴蝎尾蕉	Z 11 02 01 047 002 001	*Heliconia rostrata*	
苹科	Z 11 02 01 048		
苹属	Z 11 02 01 048 001		
田字苹	Z 11 02 01 048 001 001	*Marsilea quadrifolia*	四叶苹
秋海棠科	Z 11 02 01 049		
秋海棠属	Z 11 02 01 049 001		
四季海棠	Z 11 02 01 049 001 001	*Begonia semperflorens*	
铁甲秋海棠	Z 11 02 01 049 001 002	*Begonia masoniana*	
石松科	Z 11 02 01 050		
石松属	Z 11 02 01 050 001		
石松	Z 11 02 01 050 001 001	*Lycopodium japonicum*	
石蒜科	Z 11 02 01 051		
百子莲属	Z 11 02 01 051 001		
百子莲	Z 11 02 01 051 001 001	*Agapanthus africanus*	
葱莲属	Z 11 02 01 051 002		
葱莲	Z 11 02 01 051 002 001	*Zephyranthes candida*	葱兰
韭莲	Z 11 02 01 051 002 002	*Zephyranthes grandiflora*	风雨花
君子兰属	Z 11 02 01 051 003		
君子兰	Z 11 02 01 051 003 001	*Clivia miniata*	
垂笑君子兰	Z 11 02 01 051 003 002	*Clivia nobilis*	
石蒜属	Z 11 02 01 051 004		
忽地笑	Z 11 02 01 051 004 001	*Lycoris aurea*	铁色箭
中国石蒜	Z 11 02 01 051 004 002	*Lycoris chinensis*	
红花石蒜	Z 11 02 01 051 004 003	*Lycoris radiata*	幽灵花
水鬼蕉属	Z 11 02 01 051 005		

（续表）

物种名称	代　码	拉丁名	别　名
水鬼蕉	Z 11 02 01 051 005 001	*Hymenocallis littoralis*	
美丽水鬼蕉	Z 11 02 01 051 005 002	*Hymenocallis spciosa*	
网球花属	Z 11 02 01 051 006		
虎耳兰	Z 11 02 01 051 006 001	*Haemanthus albiflos*	虎尾兰
文殊兰属	Z 11 02 01 051 007		
文殊兰	Z 11 02 01 051 007 001	*Crinum asiaticum*	文珠兰
仙茅属	Z 11 02 01 051 008		
大叶仙茅	Z 11 02 01 051 008 001	*Curculigo capitulata*	
龙舌兰属	Z 11 02 01 051 009		
龙舌兰	Z 11 02 01 051 009 001	*Agave americana*	
鸢尾科	Z 11 02 01 052		
番红花属	Z 11 02 01 052 001		
番红花	Z 11 02 01 052 001 001	*Crocus sativus*	藏红花
美丽番红花	Z 11 02 01 052 001 002	*Crocus speciosus*	
雄黄兰属	Z 11 02 01 052 002		
火星花	Z 11 02 01 052 002 001	*Crocosmia crocosmiflora*	雄黄兰
鸢尾属	Z 11 02 01 052 003		
鸢尾	Z 11 02 01 052 003 001	*Iris tectorum*	
德国鸢尾	Z 11 02 01 052 003 002	*Iris germanica*	
蝴蝶花	Z 11 02 01 052 003 003	*Iris japonica*	日本鸢尾
马蔺	Z 11 02 01 052 003 004	*Iris lactea* var. *chinensis*	
猪笼草科	Z 11 02 01 053		
猪笼草属	Z 11 02 01 053 001		
猪笼草	Z 11 02 01 053 001 001	*Nepenthes mirabilis*	
竹芋科	Z 11 02 01 054		

（续表）

物种名称	代　码	拉丁名	别　名
锦竹芋属	Z 11 02 01 054 001		
三色竹芋	Z 11 02 01 054 001 001	*Ctenanthe oppenheimiana* 'Tricolor'	
肖竹芋属	Z 11 02 01 054 002		
孔雀竹芋	Z 11 02 01 054 002 001	*Calathea makoyana*	
彩虹竹芋	Z 11 02 01 054 002 002	*Calathea roseopicta*	红背竹芋
绒叶肖竹芋	Z 11 02 01 054 002 003	*Calathea zebrina*	
竹芋属	Z 11 02 01 054 003		
竹芋	Z 11 02 01 054 003 001	*Maranta arundinacea*	
花叶竹芋	Z 11 02 01 054 003 002	*Maranta bicolor*	
紫茉莉科	Z 11 02 01 055		
紫茉莉属	Z 11 02 01 055 001		
紫茉莉	Z 11 02 01 055 001 001	*Mirabilis jalapa*	胭脂花
胡椒科	Z 11 02 01 056		
草胡椒属	Z 11 02 01 056 001		
斑叶垂椒草	Z 11 02 01 056 001 001	*Peperomia scandens* 'Variegata'	
皱叶椒草	Z 11 02 01 056 001 002	*Peperomia caperata*	皱叶豆瓣绿
圆叶椒草	Z 11 02 01 056 001 003	*Peperomia obtusifolia*	
球根	Z 11 02 02		
禾本科	Z 11 02 02 001		
狗牙根属	Z 11 02 02 001 001		
狗牙根	Z 11 02 02 001 001 001	*Cynodon dactylon*	
天南星科	Z 11 02 02 002		
马蹄莲属	Z 11 02 02 002 001		
马蹄莲	Z 11 02 02 002 001 001	*Zantedeschia aethiopica*	

（续表）

物种名称	代　码	拉丁名	别　名
红花马蹄莲	Z 11 02 02 002 001 002	*Zantedeschia rehmannii*	
黄花马蹄莲	Z 11 02 02 002 001 003	*Zantedeschia elliottiana*	
五彩芋属	Z 11 02 02 002 002		
五彩芋	Z 11 02 02 002 002 001	*Caladium bicolor*	彩叶芋
海芋属	Z 11 02 02 002 003		
海芋	Z 11 02 02 002 003 001	*Alocasia macrorrhiza*	滴水观音
姜科	Z 11 02 02 003		
姜黄属	Z 11 02 02 003 001		
姜荷花	Z 11 02 02 003 001 001	*Curcuma alismatifolia*	
百合科	Z 11 02 02 004		
百合属	Z 11 02 02 004 001		
湖北百合	Z 11 02 02 004 001 001	*Lilium henryi*	
百合	Z 11 02 02 004 001 002	*Lilium brownii* var. *viridulum*	
卷丹	Z 11 02 02 004 001 003	*Lilium lancifolium*	虎皮百合
麝香百合	Z 11 02 02 004 001 004	*Lilium longiflorum*	
岷江百合	Z 11 02 02 004 001 005	*Lilium regale*	
美丽百合	Z 11 02 02 004 001 006	*Lilium speciosum*	
贝母属	Z 11 02 02 004 002		
花贝母	Z 11 02 02 004 002 001	*Fritillaria imperialis*	
郁金香属	Z 11 02 02 004 003		
郁金香	Z 11 02 02 004 003 001	*Tulipa gesneriana*	洋荷花
嘉兰属	Z 11 02 02 004 004		
嘉兰	Z 11 02 02 004 004 001	*Gloriosa superba*	变色兰
秋水仙属	Z 11 02 02 004 005		
秋水仙	Z 11 02 02 004 005 001	*Colchicum autumnale*	

（续表）

物种名称	代　码	拉丁名	别　名
蓝壶花属	Z 11 02 02 004 006		
葡萄风信子	Z 11 02 02 004 006 001	*Muscari botryoides*	蓝瓶花
风信子属	Z 11 02 02 004 007		
风信子	Z 11 02 02 004 007 001	*Hyacinthus orientalis*	洋水仙
芭蕉科	Z 11 02 02 005		
地涌金莲属	Z 11 02 02 005 001		
地涌金莲	Z 11 02 02 005 001 001	*Musella lasiocarpa*	地金莲
毛茛科	Z 11 02 02 006		
银莲花属	Z 11 02 02 006 001		
银莲花	Z 11 02 02 006 001 001	*Anemone cathayensis*	
欧洲银莲花	Z 11 02 02 006 001 002	*Anemone coronaria*	
秋海棠科	Z 11 02 02 007		
秋海棠属	Z 11 02 02 007 001		
球根秋海棠	Z 11 02 02 007 001 001	*Begonia tuberhybrida*	
竹节秋海棠	Z 11 02 02 007 001 002	*Begonia maculata*	
紫叶秋海棠	Z 11 02 02 007 001 003	*Begonia rex*	
银星秋海棠	Z 11 02 02 007 001 004	*Begonia argenteo-guttata*	
石蒜科	Z 11 02 02 008		
网球花属	Z 11 02 02 008 001		
网球花	Z 11 02 02 008 001 001	*Haemanthus multiflorus*	
水仙属	Z 11 02 02 008 002		
明星水仙	Z 11 02 02 008 002 001	*Narcissus incomparabilis*	
喇叭水仙	Z 11 02 02 008 002 002	*Narcissus pseudo-narcissus*	
水仙	Z 11 02 02 008 002 003	*Narcissus tazetta* var. *chinensis*	
朱顶红属	Z 11 02 02 008 003		

（续表）

物种名称	代　码	拉丁名	别　名
朱顶红	Z 11 02 02 008 003 001	*Hippeastrum rutilum*	红花莲
晚香玉属	Z 11 02 02 008 004		
晚香玉	Z 11 02 02 008 004 001	*Polianthes tuberosa*	
鸢尾科	Z 11 02 02 009		
香雪兰属	Z 11 02 02 009 001		
小苍兰	Z 11 02 02 009 001 001	*Freesia hybrida*	
唐菖蒲属	Z 11 02 02 009 002		
唐菖蒲	Z 11 02 02 009 002 001	*Gladiolus gandavensis*	
美人蕉科	Z 11 02 02 010		
美人蕉属	Z 11 02 02 010 001		
美人蕉	Z 11 02 02 010 001 001	*Canna indica*	
大花美人蕉	Z 11 02 02 010 001 002	*Canna generalis*	
水生花卉	Z 11 03		
	Z 11 03 01		
禾本科	Z 11 03 01 001		
芦竹属	Z 11 03 01 001 001		
花叶芦竹	Z 11 03 01 001 001 001	*Arundo donax* var. *versicolor*	
天南星科	Z 11 03 01 002		
菖蒲属	Z 11 03 01 002 001		
菖蒲	Z 11 03 01 002 001 001	*Acorus calamus*	
石菖蒲	Z 11 03 01 002 001 002	*Acorus tatarinowii*	
睡莲科	Z 11 03 01 003		
莲属	Z 11 03 01 003 001		
美洲黄莲	Z 11 03 01 003 001 001	*Nelumbo lutea*	
王莲属	Z 11 03 01 003 002		

（续表）

物种名称	代　码	拉丁名	别　名
王莲	Z 11 03 01 003 002 001	*Victoria regia*	
睡莲属	Z 11 03 01 003 003		
睡莲	Z 11 03 01 003 003 001	*Nymphaea tetragona*	
萍蓬草属	Z 11 03 01 003 004		
萍蓬草	Z 11 03 01 003 004 001	*Nuphar pumilum*	萍蓬莲
莎草科	Z 11 03 01 004		
莎草属	Z 11 03 01 004 001		
纸莎草	Z 11 03 01 004 001 001	*Cyperus papyrus*	
藨草属	Z 11 03 01 004 002		
水葱	Z 11 03 01 004 002 001	*Scirpus validus*	
水鳖科	Z 11 03 01 005		
苦草属	Z 11 03 01 005 001		
苦草	Z 11 03 01 005 001 001	*Vallisneria natans*	
千屈菜科	Z 11 03 01 006		
千屈菜属	Z 11 03 01 006 001		
千屈菜	Z 11 03 01 006 001 001	*Lythrum salicaria*	
鸢尾科	Z 11 03 01 007		
鸢尾属	Z 11 03 01 007 001		
黄菖蒲	Z 11 03 01 007 001 001	*Iris pseudacorus*	黄鸢尾
西伯利亚鸢尾	Z 11 03 01 007 001 002	*Iris sibirica*	
花菖蒲	Z 11 03 01 007 001 003	*Iris ensata* var. *hortensis*	
竹芋科	Z 11 03 01 008		
再力花属	Z 11 03 01 008 001		
再力花	Z 11 03 01 008 001 001	*Thalia dealbata*	
香蒲科	Z 11 03 01 009		

（续表）

物种名称	代　码	拉丁名	别　名
香蒲属	Z 11 03 01 009 001		
香蒲	Z 11 03 01 009 001 001	*Typha orientalis*	
金鱼藻科	Z 11 03 01 010		
金鱼藻属	Z 11 03 01 010 001		
金鱼藻	Z 11 03 01 010 001 001	*Ceratophyllum demersum*	
雨久花科	Z 11 03 01 011		
凤眼蓝属	Z 11 03 01 011 001		
凤眼蓝	Z 11 03 01 011 001 001	*Eichhornia crassipes*	水葫芦
雨久花属	Z 11 03 01 011 002		
雨久花	Z 11 03 01 011 002 001	*Monochoria korsakowii*	
姜科	Z 11 03 01 012		
姜花属	Z 11 03 01 012 001		
姜花	Z 11 03 01 012 001 001	*Hedychium coronarium*	蝴蝶花
兰科花卉	Z 11 04		
	Z 11 04 01		
兰科	Z 11 04 01 001		
兰属	Z 11 04 01 001 001		
建兰	Z 11 04 01 001 001 001	*Cymbidium ensifolium*	
蕙兰	Z 11 04 01 001 001 002	*Cymbidium faberi*	
春兰	Z 11 04 01 001 001 003	*Cymbidium goeringii*	
大花蕙兰	Z 11 04 01 001 001 004	*Cymbidium hybridum*	
寒兰	Z 11 04 01 001 001 005	*Cymbidium kanran*	
墨兰	Z 11 04 01 001 001 006	*Cymbidium sinense*	报岁兰
独占春	Z 11 04 01 001 001 007	*Cymbidium eburneum*	
兔耳兰	Z 11 04 01 001 001 008	*Cymbidium lancifolium*	

（续表）

物种名称	代　码	拉丁名	别　名
蝴蝶兰属	Z 11 04 01 001 002		
蝴蝶兰	Z 11 04 01 001 002 001	*Phalaenopsis aphrodite*	
套叶兰属	Z 11 04 01 001 003		
套叶兰	Z 11 04 01 001 003 001	*Hippeophyllum sinicum*	
卡特兰属	Z 11 04 01 001 004		
卡特兰	Z 11 04 01 001 004 001	*Cattleya hybrida*	
万带兰属	Z 11 04 01 001 005		
棒叶万带兰	Z 11 04 01 001 005 001	*Vanda teres*	攀援万带兰
石斛属	Z 11 04 01 001 006		
石斛	Z 11 04 01 001 006 001	*Dendrobium nobile*	金钗石斛
兜兰属	Z 11 04 01 001 007		
兜兰	Z 11 04 01 001 007 001	*Cypripedium corrugatum*	拖鞋兰
文心兰属	Z 11 04 01 001 008		
大文心兰	Z 11 04 01 001 008 001	*Oncidium ampliatum*	
金粟兰科	Z 11 04 01 002		
金粟兰属	Z 11 04 01 002 001		
金粟兰	Z 11 04 01 002 001 001	*Chloranthus spicatus*	珠兰
仙人掌类及多浆	Z 11 05		
	Z 11 05 01		
大戟科	Z 11 05 01 001		
大戟属	Z 11 05 01 001 001		
麒麟掌	Z 11 05 01 001 001 001	*Euphorbia neriifolia* var. *cristata*	玉麒麟
萝藦科	Z 11 05 01 002		
豹皮花属	Z 11 05 01 002 001		

（续表）

物种名称	代　码	拉丁名	别　名
大花犀角	Z 11 05 01 002 001 001	*Stapelia grandiflora*	
菊科	Z 11 05 01 003		
千里光属	Z 11 05 01 003 001		
仙人笔	Z 11 05 01 003 001 001	*Senecio articulatus*	七宝树
翡翠珠	Z 11 05 01 003 001 002	*Senecio rowleyanus*	珍珠吊兰
番杏科	Z 11 05 01 004		
肉黄菊属	Z 11 05 01 004 001		
四海波	Z 11 05 01 004 001 001	*Faucaria tigrina*	
马齿苋科	Z 11 05 01 005		
马齿苋属	Z 11 05 01 005 001		
树马齿苋	Z 11 05 01 005 001 001	*Portulaca afra*	金枝玉叶
百合科	Z 11 05 01 006		
芦荟属	Z 11 05 01 006 001		
木立芦荟	Z 11 05 01 006 001 001	*Aloe arborescens*	木剑芦荟
芦荟	Z 11 05 01 006 001 002	*Aloe vera* var. *chinensis*	
翠花掌	Z 11 05 01 006 001 003	*Aloe variegata*	
十二卷属	Z 11 05 01 006 002		
条纹十二卷	Z 11 05 01 006 002 001	*Haworthia fasciata*	条纹蛇尾兰
仙人掌科	Z 11 05 01 007		
仙人掌属	Z 11 05 01 007 001		
黄毛掌	Z 11 05 01 007 001 001	*Opuntia microdasys*	
仙人掌	Z 11 05 01 007 001 002	*Opuntia stricta* var. *dillenii*	观音掌
天轮柱属	Z 11 05 01 007 002		
天轮柱	Z 11 05 01 007 002 001	*Cereus peruvianus*	
木麒麟属	Z 11 05 01 007 003		

（续表）

物种名称	代　码	拉丁名	别　名
木麒麟	Z 11 05 01 007 003 001	*Pereskia aculeata*	虎刺
裸萼球属	Z 11 05 01 007 004		
绯牡丹	Z 11 05 01 007 004 001	*Gymnocalycium mihanovichii* var. *friedrichii* ‘Rubra’	红牡丹
仙人球属	Z 11 05 01 007 005		
仙人球	Z 11 05 01 007 005 001	*Echinopsis tubiflora*	
金琥属	Z 11 05 01 007 006		
金琥	Z 11 05 01 007 006 001	*Echinocactus grusonii*	金琥仙人球
蟹爪兰属	Z 11 05 01 007 007		
蟹爪兰	Z 11 05 01 007 007 001	*Zygocactus truncatus*	蟹爪莲
昙花属	Z 11 05 01 007 008		
昙花	Z 11 05 01 007 008 001	*Epiphyllum oxypetalum*	
夹竹桃科	Z 11 05 01 008		
天宝花属	Z 11 05 01 008 001		
沙漠玫瑰	Z 11 05 01 008 001 001	*Adenium obesum*	天宝花
景天科	Z 11 05 01 009		
景天属	Z 11 05 01 009 001		
玉米石	Z 11 05 01 009 001 001	*Sedum album*	白花景天
垂盆草	Z 11 05 01 009 001 002	*Sedum sarmentosum*	狗牙草
风车草属	Z 11 05 01 009 002		
胧月	Z 11 05 01 009 002 001	*Graptopetaum paraguayense*	
拟石莲花属	Z 11 05 01 009 003		
美丽石莲花	Z 11 05 01 009 003 001	*Echeveria elegans*	月影
伽蓝菜属	Z 11 05 01 009 004		
圣诞伽蓝菜	Z 11 05 01 009 004 001	*Kalanchoe blossfeldiana*	长寿花

（续表）

物种名称	代　码	拉丁名	别　名
落地生根属	Z 11 05 01 009 005		
落地生根	Z 11 05 01 009 005 001	*Bryophyllum pinnatum*	
青锁龙属	Z 11 05 01 009 006		
燕子掌	Z 11 05 01 009 006 001	*Crassula obliqua*	景天树
龙舌兰科	Z 11 05 01 010		
龙舌兰属	Z 11 05 01 010 001		
笹之雪	Z 11 05 01 010 001 001	*Agave victoriae-reginae*	鬼脚掌
蕨类	Z 11 06		
	Z 11 06 01		
凤尾蕨科	Z 11 06 01 001		
凤尾蕨属	Z 11 06 01 001 001		
白羽凤尾蕨	Z 11 06 01 001 001 001	*Pteris ensiformis* var. *victoriae*	
铁线蕨科	Z 11 06 01 002		
铁线蕨属	Z 11 06 01 002 001		
铁线蕨	Z 11 06 01 002 001 001	*Adiantum capillus-veneris*	
鳞毛蕨科	Z 11 06 01 003		
贯众属	Z 11 06 01 003 001		
贯众	Z 11 06 01 003 001 001	*Cyrtomium fortunei*	
肾蕨科	Z 11 06 01 004		
肾蕨属	Z 11 06 01 004 001		
肾蕨	Z 11 06 01 004 001 001	*Nephrolepis auriculata*	
波斯顿蕨	Z 11 06 01 004 001 002	*Nephrolepis exaltata* ‘Bostoniensis’	
铁角蕨科	Z 11 06 01 005		
巢蕨属	Z 11 06 01 005 001		

（续表）

物种名称	代 码	拉丁名	别 名
巢蕨	Z 11 06 01 005 001 001	*Neottopteris nidus*	山苏花
球子蕨科	Z 11 06 01 006		
荚果蕨属	Z 11 06 01 006 001		
荚果蕨	Z 11 06 01 006 001 001	*Matteuccia struthiopteris*	
鹿角蕨科	Z 11 06 01 007		
鹿角蕨属	Z 11 06 01 007 001		
鹿角蕨	Z 11 06 01 007 001 001	*Platycerium wallichii*	
绿化观赏林木	Z 12		
观花类	Z 12 01		
	Z 12 01 01		
豆科	Z 12 01 01 001		
胡枝子属	Z 12 01 01 001 001		
美丽胡枝子	Z 12 01 01 001 001 001	*Lespedeza formosa*	
金合欢属	Z 12 01 01 001 002		
金合欢	Z 12 01 01 001 002 001	*Acacia farnesiana*	
台湾相思	Z 12 01 01 001 002 002	*Acacia confusa*	台湾柳
锦鸡儿属	Z 12 01 01 001 003		
锦鸡儿	Z 12 01 01 001 003 001	*Caragana sinica*	
决明属	Z 12 01 01 001 004		
黄槐决明	Z 12 01 01 001 004 001	*Cassia surattensis*	
伞房决明	Z 12 01 01 001 004 002	*Cassia corymbosa*	
云实属	Z 12 01 01 001 005		
云实	Z 12 01 01 001 005 001	*Caesalpinia decapetala*	
木蓝属	Z 12 01 01 001 006		
花木蓝	Z 12 01 01 001 006 001	*Indigofera kirilowii*	

（续表）

物种名称	代　码	拉丁名	别　名
刺桐属	Z 12 01 01 001 007		
龙牙花	Z 12 01 01 001 007 001	*Erythrina corallodendron*	象牙红
崖豆藤属	Z 12 01 01 001 008		
网络崖豆藤	Z 12 01 01 001 008 001	*Millettia reticulata*	
凤凰木属	Z 12 01 01 001 009		
凤凰木	Z 12 01 01 001 009 001	*Delonix regia*	凤凰花
合欢属	Z 12 01 01 001 010		
合欢	Z 12 01 01 001 010 001	*Albizia julibrissin*	马缨花
山槐	Z 12 01 01 001 010 002	*Albizia kalkora*	山合欢
染料木属	Z 12 01 01 001 011		
染料木	Z 12 01 01 001 011 001	*Genista tinctoria*	
朱缨花属	Z 12 01 01 001 012		
朱缨花	Z 12 01 01 001 012 001	*Calliandra haematocephala*	
紫荆属	Z 12 01 01 001 013		
紫荆	Z 12 01 01 001 013 001	*Cercis chinensis*	
紫穗槐属	Z 12 01 01 001 014		
紫穗槐	Z 12 01 01 001 014 001	*Amorpha fruticosa*	
紫藤属	Z 12 01 01 001 015		
紫藤	Z 12 01 01 001 015 001	*Wisteria sinensis*	
锦葵科	Z 12 01 01 002		
木槿属	Z 12 01 01 002 001		
朱槿	Z 12 01 01 002 001 001	*Hibiscus rosa-sinensis*	扶桑
木芙蓉	Z 12 01 01 002 001 002	*Hibiscus mutabilis*	芙蓉花
木槿	Z 12 01 01 002 001 003	*Hibiscus syriacus*	木棉
悬铃花属	Z 12 01 01 002 002		

（续表）

物种名称	代　码	拉丁名	别　名
悬铃花	Z 12 01 01 002 002 001	*Malvaviscus arboreus*	
椴树科	Z 12 01 01 003		
椴树属	Z 12 01 01 003 001		
辽椴	Z 12 01 01 003 001 001	*Tilia mandshurica*	糠椴
瑞香科	Z 12 01 01 004		
瑞香属	Z 12 01 01 004 001		
瑞香	Z 12 01 01 004 001 001	*Daphne odora*	
结香属	Z 12 01 01 004 002		
结香	Z 12 01 01 004 002 001	*Edgeworthia chrysantha*	黄瑞香
萝藦科	Z 12 01 01 005		
吊灯花属	Z 12 01 01 005 001		
吊灯花	Z 12 01 01 005 001 001	*Ceropegia trichantha*	
夜来香属	Z 12 01 01 005 002		
卧茎夜来香	Z 12 01 01 005 002 001	*Telosma procumbens*	
夜来香	Z 12 01 01 005 002 002	*Telosma cordata*	
唇形科	Z 12 01 01 006		
香薷属	Z 12 01 01 006 001		
木香薷	Z 12 01 01 006 001 001	*Elsholtzia stauntoni*	柴荆芥
薰衣草属	Z 12 01 01 006 002		
法国薰衣草	Z 12 01 01 006 002 001	*Lavandula stoechas*	
蔷薇科	Z 12 01 01 007		
苹果属	Z 12 01 01 007 001		
垂丝海棠	Z 12 01 01 007 001 001	*Malus halliana*	
海棠花	Z 12 01 01 007 001 002	*Malus spectabilis*	海棠
湖北海棠	Z 12 01 01 007 001 003	*Malus hupehensis*	

（续表）

物种名称	代　码	拉丁名	别　名
西府海棠	Z 12 01 01 007 001 004	*Malus micromalus*	海红
梨属	Z 12 01 01 007 002		
杜梨	Z 12 01 01 007 002 001	*Pyrus betulifolia*	棠梨
桃属	Z 12 01 01 007 003		
碧桃	Z 12 01 01 007 003 001	*Amygdalus persica* var. *persica* f. *duplex*	
山桃	Z 12 01 01 007 003 002	*Amygdalus davidiana*	花桃
榆叶梅	Z 12 01 01 007 003 003	*Amygdalus triloba*	
李属	Z 12 01 01 007 004		
樱桃李	Z 12 01 01 007 004 001	*Prunus cerasifera*	樱李
杏属	Z 12 01 01 007 005		
梅	Z 12 01 01 007 005 001	*Armeniaca mume*	
樱属	Z 12 01 01 007 006		
麦李	Z 12 01 01 007 006 001	*Cerasus glandulosa*	
郁李	Z 12 01 01 007 006 002	*Cerasus japonica*	秧李
日本晚樱	Z 12 01 01 007 006 003	*Cerasus serrulata* var. *lannesiana*	
东京樱花	Z 12 01 01 007 006 004	*Cerasus yedoensis*	
蔷薇属	Z 12 01 01 007 007		
多花蔷薇	Z 12 01 01 007 007 001	*Rosa multiflora*	野蔷薇
金樱子	Z 12 01 01 007 007 002	*Rosa laevigata*	山石榴
玫瑰	Z 12 01 01 007 007 003	*Rosa rugosa*	
月季花	Z 12 01 01 007 007 004	*Rosa chinensis*	月月花
委陵菜属	Z 12 01 01 007 008		
金露梅	Z 12 01 01 007 008 001	*Potentilla fruticosa*	金蜡梅
白鹃梅属	Z 12 01 01 007 009		

（续表）

物种名称	代　码	拉丁名	别　名
白鹃梅	Z 12 01 01 007 009 001	*Exochorda racemosa*	
棣棠花属	Z 12 01 01 007 010		
棣棠花	Z 12 01 01 007 010 001	*Kerria japonica*	
鸡麻属	Z 12 01 01 007 011		
鸡麻	Z 12 01 01 007 011 001	*Rhodotypos scandens*	
栒子属	Z 12 01 01 007 012		
平枝栒子	Z 12 01 01 007 012 001	*Cotoneaster horizontalis*	
石楠属	Z 12 01 01 007 013		
石楠	Z 12 01 01 007 013 001	*Photinia serrulata*	凿木
绣线菊属	Z 12 01 01 007 014		
麻叶绣线菊	Z 12 01 01 007 014 001	*Spiraea cantoniensis*	麻叶绣球
粉花绣线菊	Z 12 01 01 007 014 002	*Spiraea japonica*	日本绣线菊
李叶绣线菊	Z 12 01 01 007 014 003	*Spiraea prunifolia*	笑靥花
中华绣线菊	Z 12 01 01 007 014 004	*Spiraea chinensis*	
小米空木属	Z 12 01 01 007 015		
华空木	Z 12 01 01 007 015 001	*Stephanandra chinensis*	野珠兰
珍珠梅属	Z 12 01 01 007 016		
珍珠梅	Z 12 01 01 007 016 001	*Sorbaria sorbifolia*	
樟科	Z 12 01 01 008		
月桂属	Z 12 01 01 008 001		
月桂	Z 12 01 01 008 001 001	*Laurus nobilis*	
无患子科	Z 12 01 01 009		
文冠果属	Z 12 01 01 009 001		
文冠果	Z 12 01 01 009 001 001	*Xanthoceras sorbifolium*	文冠树
桃金娘科	Z 12 01 01 010		

（续表）

物种名称	代码	拉丁名	别名
桉属	Z 12 01 01 010 001		
蓝桉	Z 12 01 01 010 001 001	*Eucalyptus globulus*	
红千层属	Z 12 01 01 010 002		
红千层	Z 12 01 01 010 002 001	*Callistemon rigidus*	
桃金娘属	Z 12 01 01 010 003		
桃金娘	Z 12 01 01 010 003 001	*Rhodomyrtus tomentosa*	
藤黄科	Z 12 01 01 011		
金丝桃属	Z 12 01 01 011 001		
金丝梅	Z 12 01 01 011 001 001	*Hypericum patulum*	
金丝桃	Z 12 01 01 011 001 002	*Hypericum monogynum*	
木棉科	Z 12 01 01 012		
木棉属	Z 12 01 01 012 001		
木棉	Z 12 01 01 012 001 001	*Bombax malabaricum*	
杜鹃花科	Z 12 01 01 013		
杜鹃属	Z 12 01 01 013 001		
杜鹃	Z 12 01 01 013 001 001	*Rhododendron simsii*	山踯躅
羊踯躅	Z 12 01 01 013 001 002	*Rhododendron molle*	黄杜鹃
马缨杜鹃	Z 12 01 01 013 001 003	*Rhododendron delavayi*	
比利时杜鹃	Z 12 01 01 013 001 004	*Rhododendron hybridum*	
云锦杜鹃	Z 12 01 01 013 001 005	*Rhododendron fortunei*	
山茶科	Z 12 01 01 014		
山茶属	Z 12 01 01 014 001		
茶梅	Z 12 01 01 014 001 001	*Camellia sasanqua*	茶梅花
滇山茶	Z 12 01 01 014 001 002	*Camellia reticulata*	
金花茶	Z 12 01 01 014 001 003	*Camellia nitidissima*	

（续表）

物种名称	代　码	拉丁名	别　名
山茶	Z 12 01 01 014 001 004	*Camellia japonica*	茶花
油茶	Z 12 01 01 014 001 005	*Camellia oleifera*	
木荷属	Z 12 01 01 014 002		
木荷	Z 12 01 01 014 002 001	*Schima superba*	
紫茎属	Z 12 01 01 014 003		
天目紫茎	Z 12 01 01 014 003 001	*Stewartia gemmata*	
茜草科	Z 12 01 01 015		
长隔木属	Z 12 01 01 015 001		
希茉莉	Z 12 01 01 015 001 001	*Hamelia patens*	
白马骨属	Z 12 01 01 015 002		
六月雪	Z 12 01 01 015 002 001	*Serissa japonica*	
龙船花属	Z 12 01 01 015 003		
龙船花	Z 12 01 01 015 003 001	*Ixora chinensis*	山丹
水团花属	Z 12 01 01 015 004		
细叶水团花	Z 12 01 01 015 004 001	*Adina rubella*	水杨梅
香果树属	Z 12 01 01 015 005		
香果树	Z 12 01 01 015 005 001	*Emmenopterys henryi*	
栀子属	Z 12 01 01 015 006		
狭叶栀子	Z 12 01 01 015 006 001	*Gardenia stenophylla*	
安息香科	Z 12 01 01 016		
安息香属	Z 12 01 01 016 001		
野茉莉	Z 12 01 01 016 001 001	*Styrax japonicus*	
马鞭草科	Z 12 01 01 017		
大青属	Z 12 01 01 017 001		
龙吐珠	Z 12 01 01 017 001 001	*Clerodendrum thomsonae*	

（续表）

物种名称	代　码	拉丁名	别　名
臭牡丹	Z 12 01 01 017 001 002	*Clerodendrum bungei*	
海州常山	Z 12 01 01 017 001 003	*Clerodendrum trichotomum*	泡火桐
假连翘属	Z 12 01 01 017 002		
花叶假连翘	Z 12 01 01 017 002 001	*Duranta repens* ‘Variegata’	
莸属	Z 12 01 01 017 003		
蓝花莸	Z 12 01 01 017 003 001	*Caryopteris×clandonensis*	兰香草
马缨丹属	Z 12 01 01 017 004		
马缨丹	Z 12 01 01 017 004 001	*Lantana camara*	五色梅
木兰科	Z 12 01 01 018		
含笑属	Z 12 01 01 018 001		
白兰	Z 12 01 01 018 001 001	*Michelia alba*	白玉兰
黄桷兰	Z 12 01 01 018 001 002	*Michelia champaca*	黄玉兰
乐昌含笑	Z 12 01 01 018 001 003	*Michelia chapensis*	
深山含笑	Z 12 01 01 018 001 004	*Michelia maudiae*	
木兰属	Z 12 01 01 018 002		
凹叶厚朴	Z 12 01 01 018 002 001	*Magnolia officinalis* subsp. *biloba*	
玉兰	Z 12 01 01 018 002 002	*Magnolia denudata*	白玉兰
二乔玉兰	Z 12 01 01 018 002 003	*Magnolia soulangeana*	珠砂玉兰
荷花玉兰	Z 12 01 01 018 002 004	*Magnolia grandiflora*	广玉兰
夜香木兰	Z 12 01 01 018 002 005	*Magnolia coco*	夜合花
紫玉兰	Z 12 01 01 018 002 006	*Magnolia liliflora*	辛夷
木莲属	Z 12 01 01 018 003		
木莲	Z 12 01 01 018 003 001	*Manglietia fordiana*	
木犀科	Z 12 01 01 019		

（续表）

物种名称	代　码	拉丁名	别　名
丁香属	Z 12 01 01 019 001		
北京丁香	Z 12 01 01 019 001 001	*Syringa pekinensis*	
欧丁香	Z 12 01 01 019 001 002	*Syringa vulgaris*	
紫丁香	Z 12 01 01 019 001 003	*Syringa oblata*	
连翘属	Z 12 01 01 019 002		
金钟花	Z 12 01 01 019 002 001	*Forsythia viridissima*	
金钟连翘	Z 12 01 01 019 002 002	*Forsythia intermedia*	
连翘	Z 12 01 01 019 002 003	*Forsythia suspensa*	
素馨属	Z 12 01 01 019 003		
迎春花	Z 12 01 01 019 003 001	*Jasminum nudiflorum*	
探春花	Z 12 01 01 019 003 002	*Jasminum floridum*	迎夏
浓香茉莉	Z 12 01 01 019 003 003	*Jasminum odoratissimum*	
野迎春	Z 12 01 01 019 003 004	*Jasminum mesnyi*	云南黄馨
茉莉花	Z 12 01 01 019 003 005	*Jasminum sambac*	
木犀属	Z 12 01 01 019 004		
木犀	Z 12 01 01 019 004 001	*Osmanthus fragrans*	桂花
女贞属	Z 12 01 01 019 005		
女贞	Z 12 01 01 019 005 001	*Ligustrum lucidum*	
日本女贞	Z 12 01 01 019 005 002	*Ligustrum japonicum*	
小叶女贞	Z 12 01 01 019 005 003	*Ligustrum quihoui*	
流苏树属	Z 12 01 01 019 006		
流苏树	Z 12 01 01 019 006 001	*Chionanthus retusus*	
千屈菜科	Z 12 01 01 020		
紫薇属	Z 12 01 01 020 001		
紫薇	Z 12 01 01 020 001 001	*Lagerstroemia indica*	痒痒树

（续表）

物种名称	代　码	拉丁名	别　名
萼距花属	Z 12 01 01 020 002		
细叶萼距花	Z 12 01 01 020 002 001	*Cuphea hyssopifolia*	
忍冬科	Z 12 01 01 021		
忍冬属	Z 12 01 01 021 001		
大花忍冬	Z 12 01 01 021 001 001	*Lonicera macrantha*	
金银忍冬	Z 12 01 01 021 001 002	*Lonicera maackii*	金银木
荚蒾属	Z 12 01 01 021 002		
绣球荚蒾	Z 12 01 01 021 002 001	*Viburnum macrocephalum*	木绣球
鸡树条	Z 12 01 01 021 002 002	*Viburnum opulus* var. *calvescens*	欧洲荚蒾
锦带花属	Z 12 01 01 021 003		
锦带花	Z 12 01 01 021 003 001	*Weigela florida*	海仙
六道木属	Z 12 01 01 021 004		
大花六道木	Z 12 01 01 021 004 001	*Abelia×grandiflora*	
六道木	Z 12 01 01 021 004 002	*Abelia biflora*	六条木
糯米条	Z 12 01 01 021 004 003	*Abelia chinensis*	
蝟实属	Z 12 01 01 021 005		
蝟实	Z 12 01 01 021 005 001	*Kolkwitzia amabilis*	
报春花科	Z 12 01 01 022		
报春花属	Z 12 01 01 022 001		
海仙花	Z 12 01 01 022 001 001	*Primula poissonii*	海仙报春
玄参科	Z 12 01 01 023		
泡桐属	Z 12 01 01 023 001		
白花泡桐	Z 12 01 01 023 001 001	*Paulownia fortunei*	
毛泡桐	Z 12 01 01 023 001 002	*Paulownia tomentosa*	
虎耳草科	Z 12 01 01 024		

（续表）

物种名称	代 码	拉丁名	别 名
绣球属	Z 12 01 01 024 001		
绣球	Z 12 01 01 024 001 001	*Hydrangea macrophylla*	八仙花
圆锥绣球	Z 12 01 01 024 001 002	*Hydrangea paniculata*	
山梅花属	Z 12 01 01 024 002		
东北山梅花	Z 12 01 01 024 002 001	*Philadelphus schrenkii*	
太平花	Z 12 01 01 024 002 002	*Philadelphus pekinensis*	
山梅花	Z 12 01 01 024 002 003	*Philadelphus incanus*	
溲疏属	Z 12 01 01 024 003		
溲疏	Z 12 01 01 024 003 001	*Deutzia scabra*	
夹竹桃科	Z 12 01 01 025		
黄蝉属	Z 12 01 01 025 001		
软枝黄蝉	Z 12 01 01 025 001 001	*Allemanda cathartica*	
鸡蛋花属	Z 12 01 01 025 002		
鸡蛋花	Z 12 01 01 025 002 001	*Plumeria rubra* 'Acutifolia'	
夹竹桃属	Z 12 01 01 025 003		
夹竹桃	Z 12 01 01 025 003 001	*Nerium indicum*	
金缕梅科	Z 12 01 01 026		
檵木属	Z 12 01 01 026 001		
檵木	Z 12 01 01 026 001 001	*Loropetalum chinense*	
金缕梅属	Z 12 01 01 026 002		
金缕梅	Z 12 01 01 026 002 001	*Hamamelis mollis*	
蜡瓣花属	Z 12 01 01 026 003		
蜡瓣花	Z 12 01 01 026 003 001	*Corylopsis sinensis*	
马钱科	Z 12 01 01 027		
醉鱼草属	Z 12 01 01 027 001		

（续表）

物种名称	代　码	拉丁名	别　名
大叶醉鱼草	Z 12 01 01 027 001 001	*Buddleja davidii*	
密蒙花	Z 12 01 01 027 001 002	*Buddleja officinalis*	
醉鱼草	Z 12 01 01 027 001 003	*Buddleja lindleyana*	闭鱼花
山茱萸科	Z 12 01 01 028		
灯台树属	Z 12 01 01 028 001		
灯台树	Z 12 01 01 028 001 001	*Bothrocaryum controversum*	瑞木
梾木属	Z 12 01 01 028 002		
梾木	Z 12 01 01 028 002 001	*Swida macrophylla*	
毛梾	Z 12 01 01 028 002 002	*Swida walteri*	
四照花属	Z 12 01 01 028 003		
四照花	Z 12 01 01 028 003 001	*Dendrobenthamia japonica* var. *chinensis*	
毛茛科	Z 12 01 01 029		
芍药属	Z 12 01 01 029 001		
牡丹	Z 12 01 01 029 001 001	*Paeonia suffruticosa*	
黄牡丹	Z 12 01 01 029 001 002	*Paeonia delavayi* var. *lutea*	
紫斑牡丹	Z 12 01 01 029 001 003	*Paeonia suffruticosa* var. *papaveracea*	
铁线莲属	Z 12 01 01 029 002		
铁线莲	Z 12 01 01 029 002 001	*Clematis florida*	
紫茉莉科	Z 12 01 01 030		
叶子花属	Z 12 01 01 030 001		
光叶子花	Z 12 01 01 030 001 001	*Bougainvillea glabra*	三角梅
叶子花	Z 12 01 01 030 001 002	*Bougainvillea spectabilis*	三角花
百合科	Z 12 01 01 031		
丝兰属	Z 12 01 01 031 001		

（续表）

物种名称	代　码	拉丁名	别　名
凤尾丝兰	Z 12 01 01 031 001 001	*Yucca gloriosa*	
丝兰	Z 12 01 01 031 001 002	*Yucca smalliana*	洋波萝
海桐花科	Z 12 01 01 032		
海桐花属	Z 12 01 01 032 001		
海桐	Z 12 01 01 032 001 001	*Pittosporum tobira*	
蜡梅科	Z 12 01 01 033		
蜡梅属	Z 12 01 01 033 001		
蜡梅	Z 12 01 01 033 001 001	*Chimonanthus praecox*	
夏蜡梅属	Z 12 01 01 033 002		
夏蜡梅	Z 12 01 01 033 002 001	*Calycanthus chinensis*	
美国蜡梅	Z 12 01 01 033 002 002	*Calycanthus floridus*	
蓝果树科	Z 12 01 01 034		
蓝果树属	Z 12 01 01 034 001		
蓝果树	Z 12 01 01 034 001 001	*Nyssa sinensis*	紫树
珙桐属	Z 12 01 01 034 002		
珙桐	Z 12 01 01 034 002 001	*Davidia involucrata*	空桐
马桑科	Z 12 01 01 035		
马桑属	Z 12 01 01 035 001		
马桑	Z 12 01 01 035 001 001	*Coriaria nepalensis*	
卫矛科	Z 12 01 01 036		
雷公藤属	Z 12 01 01 036 001		
雷公藤	Z 12 01 01 036 001 001	*Tripterygium wilfordii*	
卫矛属	Z 12 01 01 036 002		
丝棉木	Z 12 01 01 036 002 001	*Euonymus maackii*	
野牡丹科	Z 12 01 01 037		

（续表）

物种名称	代　码	拉丁名	别　名
酸脚杆属	Z 12 01 01 037 001		
宝莲灯	Z 12 01 01 037 001 001	*Medinilla magnifica*	
野牡丹属	Z 12 01 01 037 002		
野牡丹	Z 12 01 01 037 002 001	*Melastoma candidum*	
紫葳科	Z 12 01 01 038		
蓝花楹属	Z 12 01 01 038 001		
蓝花楹	Z 12 01 01 038 001 001	*Jacaranda mimosifolia*	
凌霄属	Z 12 01 01 038 002		
凌霄	Z 12 01 01 038 002 001	*Campsis grandiflora*	紫葳
厚萼凌霄	Z 12 01 01 038 002 002	*Campsis radicans*	杜凌霄
炮仗藤属	Z 12 01 01 038 003		
炮仗花	Z 12 01 01 038 003 001	*Pyrostegia venusta*	
硬骨凌霄属	Z 12 01 01 038 004		
硬骨凌霄	Z 12 01 01 038 004 001	*Tecomaria capensis*	四季凌霄
梓属	Z 12 01 01 038 005		
楸树	Z 12 01 01 038 005 001	*Catalpa bungei*	
大戟科	Z 12 01 01 039		
大戟属	Z 12 01 01 039 001		
虎刺梅	Z 12 01 01 039 001 001	*Euphorbia milii*	麒麟刺
一品红	Z 12 01 01 039 001 002	*Euphorbia pulcherrima*	
楝科	Z 12 01 01 040		
米仔兰属	Z 12 01 01 040 001		
小叶米仔兰	Z 12 01 01 040 001 001	*Aglaia odorata* var. *microphyllina*	
米仔兰	Z 12 01 01 040 001 002	*Aglaia odorata*	

（续表）

物种名称	代　码	拉丁名	别　名
茄科	Z 12 01 01 041		
鸳鸯茉莉属	Z 12 01 01 041 001		
鸳鸯茉莉	Z 12 01 01 041 001 001	*Brunfelsia latifolia*	二色茉莉
西番莲科	Z 12 01 01 042		
西番莲属	Z 12 01 01 042 001		
西番莲	Z 12 01 01 042 001 001	*Passiflora coerulea*	转心莲
苦苣苔科	Z 12 01 01 043		
芒毛苣苔属	Z 12 01 01 043 001		
口红花	Z 12 01 01 043 001 001	*Aeschynanthus mimetes*	毛子草
爵床科	Z 12 01 01 044		
金苞花属	Z 12 01 01 044 001		
金苞花	Z 12 01 01 044 001 001	*Phachystachys lutea*	
珊瑚花属	Z 12 01 01 044 002		
珊瑚花	Z 12 01 01 044 002 001	*Cyrtanthera carnea*	
柳叶菜科	Z 12 01 01 045		
倒挂金钟属	Z 12 01 01 045 001		
倒挂金钟	Z 12 01 01 045 001 001	*Fuchsia hybrida*	
领春木科	Z 12 01 01 046		
领春木属	Z 12 01 01 046 001		
领春木	Z 12 01 01 046 001 001	*Euptelea pleiospermum*	水桃
观果类	Z 12 02		
	Z 12 02 01		
梧桐科	Z 12 02 01 001		
苹婆属	Z 12 02 01 001 001		
苹婆	Z 12 02 01 001 001 001	*Sterculia nobilis*	凤眼果

（续表）

物种名称	代　码	拉丁名	别　名
百合科	Z 12 02 01 002		
假叶树属	Z 12 02 01 002 001		
假叶树	Z 12 02 01 002 001 001	*Ruscus aculeata*	
蔷薇科	Z 12 02 01 003		
苹果属	Z 12 02 01 003 001		
山荆子	Z 12 02 01 003 001 001	*Malus baccata*	山定子
栒子属	Z 12 02 01 003 002		
水栒子	Z 12 02 01 003 002 001	*Cotoneaster multiflorus*	栒子木
木瓜属	Z 12 02 01 003 003		
木瓜	Z 12 02 01 003 003 001	*Chaenomeles sinensis*	
风箱果属	Z 12 02 01 003 004		
风箱果	Z 12 02 01 003 004 001	*Physocarpus amurensis*	
花楸属	Z 12 02 01 003 005		
花楸树	Z 12 02 01 003 005 001	*Sorbus pohuashanensis*	
火棘属	Z 12 02 01 003 006		
火棘	Z 12 02 01 003 006 001	*Pyracantha fortuneana*	火把果
鼠李科	Z 12 02 01 004		
马甲子属	Z 12 02 01 004 001		
铜钱树	Z 12 02 01 004 001 001	*Paliurus hemsleyanus*	钱串树
鼠李属	Z 12 02 01 004 002		
鼠李	Z 12 02 01 004 002 001	*Rhamnus davurica*	
桑科	Z 12 02 01 005		
榕属	Z 12 02 01 005 001		
薜荔	Z 12 02 01 005 001 001	*Ficus pumila*	
柘属	Z 12 02 01 005 002		

（续表）

物种名称	代　码	拉丁名	别　名
柘树	Z 12 02 01 005 002 001	*Cudrania tricuspidata*	
柿科	Z 12 02 01 006		
柿属	Z 12 02 01 006 001		
君迁子	Z 12 02 01 006 001 001	*Diospyros lotus*	软枣
芸香科	Z 12 02 01 007		
枳属	Z 12 02 01 007 001		
枳	Z 12 02 01 007 001 001	*Poncirus trifoliata*	
金橘属	Z 12 02 01 007 002		
金豆	Z 12 02 01 007 002 001	*Fortunella venosa*	山金橘
金橘	Z 12 02 01 007 002 002	*Fortunella margarita*	
无患子科	Z 12 02 01 008		
栾树属	Z 12 02 01 008 001		
复羽叶栾树	Z 12 02 01 008 001 001	*Koelreuteria bipinnata*	
桃金娘科	Z 12 02 01 009		
蒲桃属	Z 12 02 01 009 001		
海南蒲桃	Z 12 02 01 009 001 001	*Syzygium hainanense*	
滕黄科	Z 12 02 01 010		
藤黄属	Z 12 02 01 010 001		
岭南山竹子	Z 12 02 01 010 001 001	*Garcinia oblongifolia*	海南山竹子
杜鹃花科	Z 12 02 01 011		
越橘属	Z 12 02 01 011 001		
乌饭树	Z 12 02 01 011 001 001	*Vaccinium bracteatum*	南烛
安息香科	Z 12 02 01 012		
秤锤树属	Z 12 02 01 012 001		
秤锤树	Z 12 02 01 012 001 001	*Sinojackia xylocarpa*	捷克木

（续表）

物种名称	代　码	拉丁名	别　名
胡颓子科	Z 12 02 01 013		
胡颓子属	Z 12 02 01 013 001		
胡颓子	Z 12 02 01 013 001 001	*Elaeagnus pungens*	羊奶子
沙枣	Z 12 02 01 013 001 002	*Elaeagnus angustifolia*	刺柳
沙棘属	Z 12 02 01 013 002		
沙棘	Z 12 02 01 013 002 001	*Hippophae rhamnoides*	
马鞭草科	Z 12 02 01 014		
紫珠属	Z 12 02 01 014 001		
白棠子树	Z 12 02 01 014 001 001	*Callicarpa dichotoma*	
日本紫珠	Z 12 02 01 014 001 002	*Callicarpa japonica*	
紫珠	Z 12 02 01 014 001 003	*Callicarpa bodinieri*	
木兰科	Z 12 02 01 015		
南五味子属	Z 12 02 01 015 001		
南五味子	Z 12 02 01 015 001 001	*Kadsura longipedunculata*	
五味子属	Z 12 02 01 015 002		
五味子	Z 12 02 01 015 002 001	*Schisandra chinensis*	
忍冬科	Z 12 02 01 016		
接骨木属	Z 12 02 01 016 001		
接骨木	Z 12 02 01 016 001 001	*Sambucus williamsii*	续骨草
虎耳草科	Z 12 02 01 017		
茶藨子属	Z 12 02 01 017 001		
东北茶藨子	Z 12 02 01 017 001 001	*Ribes mandshuricum*	东北醋李
卫矛科	Z 12 02 01 018		
南蛇藤属	Z 12 02 01 018 001		
南蛇藤	Z 12 02 01 018 001 001	*Celastrus orbiculatus*	

（续表）

物种名称	代　码	拉丁名	别　名
紫葳科	Z 12 02 01 019		
梓属	Z 12 02 01 019 001		
黄金树	Z 12 02 01 019 001 001	*Catalpa speciosa*	白花梓树
冬青科	Z 12 02 01 020		
冬青属	Z 12 02 01 020 001		
枸骨	Z 12 02 01 020 001 001	*Ilex cornuta*	猫儿刺
杜英科	Z 12 02 01 021		
猴欢喜属	Z 12 02 01 021 001		
猴欢喜	Z 12 02 01 021 001 001	*Sloanea sinensis*	
省沽油科	Z 12 02 01 022		
省沽油属	Z 12 02 01 022 001		
省沽油	Z 12 02 01 022 001 001	*Staphylea bumalda*	水条
野鸦椿属	Z 12 02 01 022 002		
野鸦椿	Z 12 02 01 022 002 001	*Euscaphis japonica*	
紫金牛科	Z 12 02 01 023		
紫金牛属	Z 12 02 01 023 001		
紫金牛	Z 12 02 01 023 001 001	*Ardisia japonica*	
硃砂根	Z 12 02 01 023 001 002	*Ardisia crenata*	
观叶类	Z 12 03		
	Z 12 03 01		
禾本科	Z 12 03 01 001		
赤竹属	Z 12 03 01 001 001		
菲白竹	Z 12 03 01 001 001 001	*Sasa fortunei*	
大明竹属	Z 12 03 01 001 002		
苦竹	Z 12 03 01 001 002 001	*Pleioblastus amarus*	

（续表）

物种名称	代码	拉丁名	别名
刚竹属	Z 12 03 01 001 003		
刚竹	Z 12 03 01 001 003 001	*Phyllostachys sulphurea* 'Viridis'	
毛竹	Z 12 03 01 001 003 002	*Phyllostachys heterocycla* 'Pubescens'	
紫竹	Z 12 03 01 001 003 003	*Phyllostachys nigra*	
寒竹属	Z 12 03 01 001 004		
方竹	Z 12 03 01 001 004 001	*Chimonobambusa quadrangularis*	
簕竹属	Z 12 03 01 001 005		
佛肚竹	Z 12 03 01 001 005 001	*Bambusa ventricosa*	
箬竹属	Z 12 03 01 001 006		
阔叶箬竹	Z 12 03 01 001 006 001	*Indocalamus latifolius*	
倭竹属	Z 12 03 01 001 007		
鹅毛竹	Z 12 03 01 001 007 001	*Shibataea chinensis*	倭竹
豆科	Z 12 03 01 002		
肥皂荚属	Z 12 03 01 002 001		
肥皂荚	Z 12 03 01 002 001 001	*Gymnocladus chinensis*	肥皂树
刺桐属	Z 12 03 01 002 002		
刺桐	Z 12 03 01 002 002 001	*Erythrina variegata*	海桐
刺槐属	Z 12 03 01 002 003		
刺槐	Z 12 03 01 002 003 001	*Robinia pseudoacacia*	
槐属	Z 12 03 01 002 004		
龙爪槐	Z 12 03 01 002 004 001	*Sophora japonica* var. *japonica* f. *pendula*	
绒毛槐	Z 12 03 01 002 004 002	*Sophora tomentosa*	海南槐

（续表）

物种名称	代　码	拉丁名	别　名
黄檀属	Z 12 03 01 002 005		
海南黄檀	Z 12 03 01 002 005 001	*Dalbergia hainanensis*	
黄檀	Z 12 03 01 002 005 002	*Dalbergia hupeana*	不知春
栗豆树属	Z 12 03 01 002 006		
栗豆树	Z 12 03 01 002 006 001	*Castanospermum australe*	澳洲栗
马鞍树属	Z 12 03 01 002 007		
马鞍树	Z 12 03 01 002 007 001	*Maackia hupehensis*	臭槐
羊蹄甲属	Z 12 03 01 002 008		
羊蹄甲	Z 12 03 01 002 008 001	*Bauhinia purpurea*	
洋紫荆	Z 12 03 01 002 008 002	*Bauhinia variegata*	羊蹄甲
黧豆属	Z 12 03 01 002 009		
常春油麻藤	Z 12 03 01 002 009 001	*Mucuna sempervirens*	牛马藤
大戟科	Z 12 03 01 003		
叶下珠属	Z 12 03 01 003 001		
青灰叶下珠	Z 12 03 01 003 001 001	*Phyllanthus glaucus*	
海漆属	Z 12 03 01 003 002		
红背桂花	Z 12 03 01 003 002 001	*Excoecaria cochinchinensis*	
铁苋菜属	Z 12 03 01 003 003		
红穗铁苋菜	Z 12 03 01 003 003 001	*Acalypha hispida*	狗尾红
秋枫属	Z 12 03 01 003 004		
秋枫	Z 12 03 01 003 004 001	*Bischofia javanica*	
重阳木	Z 12 03 01 003 004 002	*Bischofia polycarpa*	乌杨
山麻杆属	Z 12 03 01 003 005		
山麻杆	Z 12 03 01 003 005 001	*Alchornea davidii*	荷包麻
乌桕属	Z 12 03 01 003 006		

（续表）

物种名称	代　码	拉丁名	别　名
乌桕	Z 12 03 01 003 006 001	*Sapium sebiferum*	
大戟属	Z 12 03 01 003 007		
绿玉树	Z 12 03 01 003 007 001	*Euphorbia tirucalli*	光棍树
变叶木属	Z 12 03 01 003 008		
变叶木	Z 12 03 01 003 008 001	*Codiaeum variegatum*	洒金榕
麻疯树属	Z 12 03 01 003 009		
佛肚树	Z 12 03 01 003 009 001	*Jatropha podagrica*	
红雀珊瑚属	Z 12 03 01 003 010		
红雀珊瑚	Z 12 03 01 003 010 001	*Pedilanthus tithymaloides*	
椴树科	Z 12 03 01 004		
椴树属	Z 12 03 01 004 001		
蒙椴	Z 12 03 01 004 001 001	*Tilia mongolica*	小叶椴
心叶椴	Z 12 03 01 004 001 002	*Tilia cordata*	欧洲小叶椴
扁担杆属	Z 12 03 01 004 002		
扁担杆	Z 12 03 01 004 002 001	*Grewia biloba*	
梧桐科	Z 12 03 01 005		
梧桐属	Z 12 03 01 005 001		
梧桐	Z 12 03 01 005 001 001	*Firmiana platanifolia*	
棕榈科	Z 12 03 01 006		
棕竹属	Z 12 03 01 006 001		
矮棕竹	Z 12 03 01 006 001 001	*Rhapis humilis*	竹棕
棕竹	Z 12 03 01 006 001 002	*Rhapis excelsa*	观音竹
刺葵属	Z 12 03 01 006 002		
加拿利海枣	Z 12 03 01 006 002 001	*Phoenix canariensis*	加拿利刺葵
江边刺葵	Z 12 03 01 006 002 002	*Phoenix roebelenii*	

（续表）

物种名称	代 码	拉丁名	别 名
狐尾椰属	Z 12 03 01 006 003		
狐尾椰	Z 12 03 01 006 003 001	*Wodyetia bifurcata*	狐尾棕
酒瓶椰属	Z 12 03 01 006 004		
酒瓶椰	Z 12 03 01 006 004 001	*Hyophorbe lagenicaulis*	
蒲葵属	Z 12 03 01 006 005		
蒲葵	Z 12 03 01 006 005 001	*Livistona chinensis*	
散尾葵属	Z 12 03 01 006 006		
散尾葵	Z 12 03 01 006 006 001	*Chrysalidocarpus lutescens*	
丝葵属	Z 12 03 01 006 007		
老人葵	Z 12 03 01 006 007 001	*Washingtonia filifera*	
王棕属	Z 12 03 01 006 008		
王棕	Z 12 03 01 006 008 001	*Roystonea regia*	大王椰子
袖珍椰子属	Z 12 03 01 006 009		
袖珍椰子	Z 12 03 01 006 009 001	*Chamaedorea elegans*	矮棕
鱼尾葵属	Z 12 03 01 006 010		
短穗鱼尾葵	Z 12 03 01 006 010 001	*Caryota mitis*	酒椰子
杨柳科	Z 12 03 01 007		
柳属	Z 12 03 01 007 001		
垂柳	Z 12 03 01 007 001 001	*Salix babylonica*	
旱柳	Z 12 03 01 007 001 002	*Salix matsudana*	
棉花柳	Z 12 03 01 007 001 003	*Salix leucopithecia*	
杨属	Z 12 03 01 007 002		
香杨	Z 12 03 01 007 002 001	*Populus koreana*	
钻天杨	Z 12 03 01 007 002 002	*Populus nigra* var. *italica*	
加杨	Z 12 03 01 007 002 003	*Populus×canadensis*	加拿大杨

（续表）

物种名称	代　码	拉丁名	别　名
毛白杨	Z 12 03 01 007 002 004	*Populus tomentosa*	
山杨	Z 12 03 01 007 002 005	*Populus davidiana*	
小叶杨	Z 12 03 01 007 002 006	*Populus simonii*	青杨
银白杨	Z 12 03 01 007 002 007	*Populus alba*	
新疆杨	Z 12 03 01 007 002 008	*Populus alba* var. *pyramidalis*	
榆科	Z 12 03 01 008		
糙叶树属	Z 12 03 01 008 001		
糙叶树	Z 12 03 01 008 001 001	*Aphananthe aspera*	糙皮树
朴属	Z 12 03 01 008 002		
朴树	Z 12 03 01 008 002 001	*Celtis sinensis*	
珊瑚朴	Z 12 03 01 008 002 002	*Celtis julianae*	
榆属	Z 12 03 01 008 003		
榔榆	Z 12 03 01 008 003 001	*Ulmus parvifolia*	秋榆
楝科	Z 12 03 01 009		
香椿属	Z 12 03 01 009 001		
香椿	Z 12 03 01 009 001 001	*Toona sinensis*	
楝属	Z 12 03 01 009 002		
苦楝	Z 12 03 01 009 002 001	*Melia azedarach*	楝树
槭树科	Z 12 03 01 010		
槭属	Z 12 03 01 010 001		
复叶槭	Z 12 03 01 010 001 001	*Acer negundo*	梣叶槭
红枫	Z 12 03 01 010 001 002	*Acer palmatum* ‘Atropurpureum’	
鸡爪槭	Z 12 03 01 010 001 003	*Acer palmatum*	
日本槭	Z 12 03 01 010 001 004	*Acer japonicum*	舞扇槭

（续表）

物种名称	代　码	拉丁名	别　名
三角槭	Z 12 03 01 010 001 005	*Acer buergerianum*	三角枫
色木槭	Z 12 03 01 010 001 006	*Acer mono*	五角枫
元宝槭	Z 12 03 01 010 001 007	*Acer truncatum*	元宝枫
中华槭	Z 12 03 01 010 001 008	*Acer sinense*	
美国红枫	Z 12 03 01 010 001 009	*Acer rubrum*	红花槭
唇形科	Z 12 03 01 011		
香科科属	Z 12 03 01 011 001		
水果蓝	Z 12 03 01 011 001 001	*Teucrium fruticans*	
蔷薇科	Z 12 03 01 012		
稠李属	Z 12 03 01 012 001		
稠李	Z 12 03 01 012 001 001	*Padus racemosa*	臭李子
石楠属	Z 12 03 01 012 002		
椤木石楠	Z 12 03 01 012 002 001	*Photinia davidsoniae*	水红树花
梨属	Z 12 03 01 012 003		
豆梨	Z 12 03 01 012 003 001	*Pyrus calleryana*	
樟科	Z 12 03 01 013		
山胡椒属	Z 12 03 01 013 001		
山胡椒	Z 12 03 01 013 001 001	*Lindera glauca*	牛筋树
香叶树	Z 12 03 01 013 001 002	*Lindera communis*	香果树
樟属	Z 12 03 01 013 002		
天竺桂	Z 12 03 01 013 002 001	*Cinnamomum japonicum*	
樟	Z 12 03 01 013 002 002	*Cinnamomum camphora*	香樟
檫木属	Z 12 03 01 013 003		
檫木	Z 12 03 01 013 003 001	*Sassafras tzumu*	
楠属	Z 12 03 01 013 004		

（续表）

物种名称	代　码	拉丁名	别　名
楠木	Z 12 03 01 013 004 001	*Phoebe zhennan*	
新木姜子属	Z 12 03 01 013 005		
大叶新木姜子	Z 12 03 01 013 005 001	*Neolitsea levinei*	厚壳树
鼠李科	Z 12 03 01 014		
马甲子属	Z 12 03 01 014 001		
马甲子	Z 12 03 01 014 001 001	*Paliurus ramosissimus*	铜钱树
雀梅藤属	Z 12 03 01 014 002		
雀梅藤	Z 12 03 01 014 002 001	*Sageretia thea*	
枳椇属	Z 12 03 01 014 003		
北枳椇	Z 12 03 01 014 003 001	*Hovenia dulcis*	拐枣
漆树科	Z 12 03 01 015		
黄连木属	Z 12 03 01 015 001		
黄连木	Z 12 03 01 015 001 001	*Pistacia chinensis*	黄连树
黄栌属	Z 12 03 01 015 002		
黄栌	Z 12 03 01 015 002 001	*Cotinus coggygria*	
毛黄栌	Z 12 03 01 015 002 002	*Cotinus coggygria* var. *pubescens*	
盐肤木属	Z 12 03 01 015 003		
火炬树	Z 12 03 01 015 003 001	*Rhus typhina*	
南酸枣属	Z 12 03 01 015 004		
南酸枣	Z 12 03 01 015 004 001	*Choerospondias axillaris*	
葡萄科	Z 12 03 01 016		
地锦属	Z 12 03 01 016 001		
五叶地锦	Z 12 03 01 016 001 001	*Parthenocissus quinquefolia*	五叶爬山虎
爬山虎	Z 12 03 01 016 001 002	*Parthenocissus tricuspidata*	爬墙虎

（续表）

物种名称	代　码	拉丁名	别　名
桑科	Z 12 03 01 017		
榕属	Z 12 03 01 017 001		
垂叶榕	Z 12 03 01 017 001 001	*Ficus benjamina*	小叶榕
琴叶榕	Z 12 03 01 017 001 002	*Ficus pandurata*	
榕树	Z 12 03 01 017 001 003	*Ficus microcarpa*	细叶榕
印度榕	Z 12 03 01 017 001 004	*Ficus elastica*	印度胶树
厚叶榕	Z 12 03 01 017 001 005	*Ficus microcarpa* var. *crassifolia*	
构属	Z 12 03 01 017 002		
构树	Z 12 03 01 017 002 001	*Broussonetia papyrifera*	
胡桃科	Z 12 03 01 018		
枫杨属	Z 12 03 01 018 001		
枫杨	Z 12 03 01 018 001 001	*Pterocarya stenoptera*	麻柳
化香树属	Z 12 03 01 018 002		
化香树	Z 12 03 01 018 002 001	*Platycarya strobilacea*	
红豆杉科	Z 12 03 01 019		
榧树属	Z 12 03 01 019 001		
榧树	Z 12 03 01 019 001 001	*Torreya grandis*	圆榧
红豆杉属	Z 12 03 01 019 002		
东北红豆杉	Z 12 03 01 019 002 001	*Taxus cuspidata*	赤柏松
红豆杉	Z 12 03 01 019 002 002	*Taxus chinensis*	红豆树
壳斗科	Z 12 03 01 020		
栎属	Z 12 03 01 020 001		
槲树	Z 12 03 01 020 001 001	*Quercus dentata*	柞栎
麻栎	Z 12 03 01 020 001 002	*Quercus acutissima*	

（续表）

物种名称	代　码	拉丁名	别　名
栓皮栎	Z 12 03 01 020 001 003	*Quercus variabilis*	
小叶栎	Z 12 03 01 020 001 004	*Quercus chenii*	
锥属	Z 12 03 01 020 002		
苦槠	Z 12 03 01 020 002 001	*Castanopsis sclerophylla*	
柯属	Z 12 03 01 020 003		
石栎	Z 12 03 01 020 003 001	*Lithocarpus glaber*	
青冈属	Z 12 03 01 020 004		
青冈栎	Z 12 03 01 020 004 001	*Cyclobalanopsis glauca*	铁椆
桦木科	Z 12 03 01 021		
桤木属	Z 12 03 01 021 001		
日本桤木	Z 12 03 01 021 001 001	*Alnus japonica*	水柯子
鹅耳枥属	Z 12 03 01 021 002		
鹅耳枥	Z 12 03 01 021 002 001	*Carpinus turczaninowii*	
桦木属	Z 12 03 01 021 003		
垂枝桦	Z 12 03 01 021 003 001	*Betula pendula*	
山龙眼科	Z 12 03 01 022		
银桦属	Z 12 03 01 022 001		
银桦	Z 12 03 01 022 001 001	*Grevillea robusta*	
芸香科	Z 12 03 01 023		
黄檗属	Z 12 03 01 023 001		
黄檗	Z 12 03 01 023 001 001	*Phellodendron amurense*	檗木
九里香属	Z 12 03 01 023 002		
九里香	Z 12 03 01 023 002 001	*Murraya exotica*	石桂树
花椒属	Z 12 03 01 023 003		

（续表）

物种名称	代　码	拉丁名	别　名
台湾胡椒木	Z 12 03 01 023 003 001	*Zanthoxylum piperitum* ‘Odorum’	
无患子科	Z 12 03 01 024		
栾树属	Z 12 03 01 024 001		
栾树	Z 12 03 01 024 001 001	*Koelreuteria paniculata*	木栾
无患子属	Z 12 03 01 024 002		
无患子	Z 12 03 01 024 002 001	*Sapindus mukorossi*	木患子
桃金娘科	Z 12 03 01 025		
蒲桃属	Z 12 03 01 025 001		
赤楠	Z 12 03 01 025 001 001	*Syzygium buxifolium*	
桉属	Z 12 03 01 025 002		
大叶桉	Z 12 03 01 025 002 001	*Eucalyptus robusta*	
银叶桉	Z 12 03 01 025 002 002	*Eucalyptus cinerea*	圆叶桉
山茶科	Z 12 03 01 026		
厚皮香属	Z 12 03 01 026 001		
厚皮香	Z 12 03 01 026 001 001	*Ternstroemia gymnanthera*	
柏科	Z 12 03 01 027		
刺柏属	Z 12 03 01 027 001		
欧洲刺柏	Z 12 03 01 027 001 001	*Juniperus communis*	普通柏
西伯利亚刺柏	Z 12 03 01 027 001 002	*Juniperus sibirica*	西伯利亚杜松
刺柏	Z 12 03 01 027 001 003	*Juniperus formosana*	
杜松	Z 12 03 01 027 001 004	*Juniperus rigida*	
圆柏属	Z 12 03 01 027 002		
圆柏	Z 12 03 01 027 002 001	*Sabina chinensis*	刺柏
高山柏	Z 12 03 01 027 002 002	*Sabina squamata*	

（续表）

物种名称	代　码	拉丁名	别　名
兴安圆柏	Z 12 03 01 027 002 003	*Sabina davurica*	
龙柏	Z 12 03 01 027 002 004	*Sabina chinensis* ‘Kaizuca’	
铺地柏	Z 12 03 01 027 002 005	*Sabina procumbens*	
塔柏	Z 12 03 01 027 002 006	*Sabina chinensis* ‘Pyramidalis’	
香柏	Z 12 03 01 027 002 007	*Sabina pingii* var. *wilsonii*	
柏木属	Z 12 03 01 027 003		
柏木	Z 12 03 01 027 003 001	*Cupressus funebris*	香扁柏
扁柏属	Z 12 03 01 027 004		
日本扁柏	Z 12 03 01 027 004 001	*Chamaecyparis obtusa*	白柏
日本花柏	Z 12 03 01 027 004 002	*Chamaecyparis pisifera*	五彩松
露兜树科	Z 12 03 01 028		
露兜树属	Z 12 03 01 028 001		
红刺露兜树	Z 12 03 01 028 001 001	*Pandanus utilis*	
马鞭草科	Z 12 03 01 029		
牡荆属	Z 12 03 01 029 001		
黄荆	Z 12 03 01 029 001 001	*Vitex negundo*	
木兰科	Z 12 03 01 030		
八角属	Z 12 03 01 030 001		
红毒茴	Z 12 03 01 030 001 001	*Illicium lanceolatum*	红茴香
木兰属	Z 12 03 01 030 002		
厚朴	Z 12 03 01 030 002 001	*Magnolia officinalis*	
鹅掌楸属	Z 12 03 01 030 003		
北美鹅掌楸	Z 12 03 01 030 003 001	*Liriodendron tulipifera*	
鹅掌楸	Z 12 03 01 030 003 002	*Liriodendron chinense*	

（续表）

物种名称	代　码	拉丁名	别　名
木犀科	Z 12 03 01 031		
木犀属	Z 12 03 01 031 001		
柊树	Z 12 03 01 031 001 001	*Osmanthus heterophyllus*	
女贞属	Z 12 03 01 031 002		
辽东水蜡树	Z 12 03 01 031 002 001	*Ligustrum obtusifolium*	
小蜡	Z 12 03 01 031 002 002	*Ligustrum sinense*	水黄杨
梣属	Z 12 03 01 031 003		
白蜡树	Z 12 03 01 031 003 001	*Fraxinus chinensis*	
对节白蜡	Z 12 03 01 031 003 002	*Fraxinus hupehensis*	湖北梣
木犀榄属	Z 12 03 01 031 004		
油橄榄	Z 12 03 01 031 004 001	*Olea europaea*	木犀榄
雪柳属	Z 12 03 01 031 005		
雪柳	Z 12 03 01 031 005 001	*Fontanesia fortunei*	
忍冬科	Z 12 03 01 032		
荚蒾属	Z 12 03 01 032 001		
日本珊瑚树	Z 12 03 01 032 001 001	*Viburnum odoratissimum* var. *awabuki*	珊瑚树
五加科	Z 12 03 01 033		
八角金盘属	Z 12 03 01 033 001		
八角金盘	Z 12 03 01 033 001 001	*Fatsia japonica*	
常春藤属	Z 12 03 01 033 002		
洋常春藤	Z 12 03 01 033 002 001	*Hedera helix*	
常春藤	Z 12 03 01 033 002 002	*Hedera nepalensis* var. *sinensis*	
刺楸属	Z 12 03 01 033 003		
刺楸	Z 12 03 01 033 003 001	*Kalopanax septemlobus*	刺枫树

（续表）

物种名称	代　码	拉丁名	别　名
刺通草属	Z 12 03 01 033 004		
刺通草	Z 12 03 01 033 004 001	*Trevesia palmata*	
楤木属	Z 12 03 01 033 005		
楤木	Z 12 03 01 033 005 001	*Aralia chinensis*	
鹅掌柴属	Z 12 03 01 033 006		
鹅掌柴	Z 12 03 01 033 006 001	*Schefflera octophylla*	鸭脚木
鹅掌藤	Z 12 03 01 033 006 002	*Schefflera arboricola*	七加皮
孔雀木属	Z 12 03 01 033 007		
孔雀木	Z 12 03 01 033 007 001	*Dizygotheca elegantissima*	
熊掌木属	Z 12 03 01 033 008		
熊掌木	Z 12 03 01 033 008 001	*Fatshedera lizei*	五角金盘
南洋参属	Z 12 03 01 033 009		
圆叶南洋参	Z 12 03 01 033 009 001	*Polyscias balfouriana*	
木棉科	Z 12 03 01 034		
瓜栗属	Z 12 03 01 034 001		
马拉巴栗	Z 12 03 01 034 001 001	*Pachira aquatica*	发财树
夹竹桃科	Z 12 03 01 035		
络石属	Z 12 03 01 035 001		
络石	Z 12 03 01 035 001 001	*Trachelospermum jasminoides*	石龙藤
金缕梅科	Z 12 03 01 036		
枫香树属	Z 12 03 01 036 001		
枫香树	Z 12 03 01 036 001 001	*Liquidambar formosana*	
蚊母树属	Z 12 03 01 036 002		
蚊母树	Z 12 03 01 036 002 001	*Distylium racemosum*	
苦木科	Z 12 03 01 037		

（续表）

物种名称	代　码	拉丁名	别　名
臭椿属	Z 12 03 01 037 001		
臭椿	Z 12 03 01 037 001 001	*Ailanthus altissima*	
马钱科	Z 12 03 01 038		
灰莉属	Z 12 03 01 038 001		
灰莉	Z 12 03 01 038 001 001	*Fagraea ceilanica*	
七叶树科	Z 12 03 01 039		
七叶树属	Z 12 03 01 039 001		
欧洲七叶树	Z 12 03 01 039 001 001	*Aesculus hippocastanum*	
七叶树	Z 12 03 01 039 001 002	*Aesculus chinensis*	
清风藤科	Z 12 03 01 040		
清风藤属	Z 12 03 01 040 001		
清风藤	Z 12 03 01 040 001 001	*Sabia japonica*	
山茱萸科	Z 12 03 01 041		
梾木属	Z 12 03 01 041 001		
红瑞木	Z 12 03 01 041 001 001	*Swida alba*	红瑞山茱萸
桃叶珊瑚属	Z 12 03 01 041 002		
花叶青木	Z 12 03 01 041 002 001	*Aucuba japonica* var. *variegata*	
桃叶珊瑚	Z 12 03 01 041 002 002	*Aucuba chinensis*	
八角枫科	Z 12 03 01 042		
八角枫属	Z 12 03 01 042 001		
八角枫	Z 12 03 01 042 001 001	*Alangium chinense*	
小檗科	Z 12 03 01 043		
南天竹属	Z 12 03 01 043 001		
南天竹	Z 12 03 01 043 001 001	*Nandina domestica*	
十大功劳属	Z 12 03 01 043 002		

（续表）

物种名称	代　码	拉丁名	别　名
阔叶十大功劳	Z 12 03 01 043 002 001	*Mahonia bealei*	
十大功劳	Z 12 03 01 043 002 002	*Mahonia fortunei*	
防已科	Z 12 03 01 044		
蝙蝠葛属	Z 12 03 01 044 001		
蝙蝠葛	Z 12 03 01 044 001 001	*Menispermum dauricum*	
芭蕉科	Z 12 03 01 045		
旅人蕉属	Z 12 03 01 045 001		
旅人蕉	Z 12 03 01 045 001 001	*Ravenala madagascariensis*	
百合科	Z 12 03 01 046		
丝兰属	Z 12 03 01 046 001		
荷兰铁	Z 12 03 01 046 001 001	*Yucca elephantipes*	巨丝兰
菝葜属	Z 12 03 01 046 002		
菝葜	Z 12 03 01 046 002 001	*Smilax china*	
天门冬属	Z 12 03 01 046 003		
文竹	Z 12 03 01 046 003 001	*Asparagus setaceus*	刺天冬
龙血树属	Z 12 03 01 046 004		
巴西铁	Z 12 03 01 046 004 001	*Dracaena fragrans*	香龙血树
星点木	Z 12 03 01 046 004 002	*Dracaena godseffiana*	星点千年木
三色千年木	Z 12 03 01 046 004 003	*Dracaena marginata* ‘Tricolor’	三色缘龙血树
百合竹	Z 12 03 01 046 004 004	*Dracaena reflexa*	富贵竹
朱蕉属	Z 12 03 01 046 005		
朱蕉	Z 12 03 01 046 005 001	*Cordyline fruticosa*	铁树
蓝果树科	Z 12 03 01 047		
喜树属	Z 12 03 01 047 001		

（续表）

物种名称	代　码	拉丁名	别　名
喜树	Z 12 03 01 047 001 001	*Camptotheca acuminata*	旱莲木
罗汉松科	Z 12 03 01 048		
罗汉松属	Z 12 03 01 048 001		
竹柏	Z 12 03 01 048 001 001	*Podocarpus nagi*	椤树
罗汉松	Z 12 03 01 048 001 002	*Podocarpus macrophyllus*	罗汉杉
卫矛科	Z 12 03 01 049		
卫矛属	Z 12 03 01 049 001		
扶芳藤	Z 12 03 01 049 001 001	*Euonymus fortunei*	
卫矛	Z 12 03 01 049 001 002	*Euonymus alatus*	
紫葳科	Z 12 03 01 050		
梓属	Z 12 03 01 050 001		
梓	Z 12 03 01 050 001 001	*Catalpa ovata*	臭梧桐
菜豆树属	Z 12 03 01 050 002		
菜豆树	Z 12 03 01 050 002 001	*Radermachera sinica*	豇豆树
冬青科	Z 12 03 01 051		
冬青属	Z 12 03 01 051 001		
冬青	Z 12 03 01 051 001 001	*Ilex chinensis*	
杜英科	Z 12 03 01 052		
杜英属	Z 12 03 01 052 001		
山杜英	Z 12 03 01 052 001 001	*Elaeocarpus sylvestris*	羊屎树
柽柳科	Z 12 03 01 053		
柽柳属	Z 12 03 01 053 001		
柽柳	Z 12 03 01 053 001 001	*Tamarix chinensis*	观音柳
杜仲科	Z 12 03 01 054		
杜仲属	Z 12 03 01 054 001		

（续表）

物种名称	代　码	拉丁名	别　名
杜仲	Z 12 03 01 054 001 001	*Eucommia ulmoides*	
黄杨科	Z 12 03 01 055		
黄杨属	Z 12 03 01 055 001		
黄杨	Z 12 03 01 055 001 001	*Buxus sinica*	
锦熟黄杨	Z 12 03 01 055 001 002	*Buxus sempervirens*	
雀舌黄杨	Z 12 03 01 055 001 003	*Buxus bodinieri*	
大叶黄杨	Z 12 03 01 055 001 004	*Buxus megistophylla*	
虎皮楠科	Z 12 03 01 056		
虎皮楠属	Z 12 03 01 056 001		
交让木	Z 12 03 01 056 001 001	*Daphniphyllum macropodum*	山黄树
连香树科	Z 12 03 01 057		
连香树属	Z 12 03 01 057 001		
连香树	Z 12 03 01 057 001 001	*Cercidiphyllum japonicum*	
买麻藤科	Z 12 03 01 058		
买麻藤属	Z 12 03 01 058 001		
买麻藤	Z 12 03 01 058 001 001	*Gnetum montanum*	
木麻黄科	Z 12 03 01 059		
木麻黄属	Z 12 03 01 059 001		
木麻黄	Z 12 03 01 059 001 001	*Casuarina equisetifolia*	驳骨树
南洋杉科	Z 12 03 01 060		
南洋杉属	Z 12 03 01 060 001		
南洋杉	Z 12 03 01 060 001 001	*Araucaria cunninghamii*	
三尖杉科	Z 12 03 01 061		
三尖杉属	Z 12 03 01 061 001		
粗榧	Z 12 03 01 061 001 001	*Cephalotaxus sinensis*	

（续表）

物种名称	代　码	拉丁名	别　名
三尖杉	Z 12 03 01 061 001 002	*Cephalotaxus fortunei*	狗尾松
山矾科	Z 12 03 01 062		
山矾属	Z 12 03 01 062 001		
白檀	Z 12 03 01 062 001 001	*Symplocos paniculata*	
杉科	Z 12 03 01 063		
柳杉属	Z 12 03 01 063 001		
日本柳杉	Z 12 03 01 063 001 001	*Cryptomeria japonica*	孔雀松
柳杉	Z 12 03 01 063 001 002	*Cryptomeria fortunei*	
落羽杉属	Z 12 03 01 063 002		
池杉	Z 12 03 01 063 002 001	*Taxodium ascendens*	池柏
落羽杉	Z 12 03 01 063 002 002	*Taxodium distichum*	落羽松
杉木属	Z 12 03 01 063 003		
杉木	Z 12 03 01 063 003 001	*Cunninghamia lanceolata*	沙树
水杉属	Z 12 03 01 063 004		
水杉	Z 12 03 01 063 004 001	*Metasequoia glyptostroboides*	
水松属	Z 12 03 01 063 005		
水松	Z 12 03 01 063 005 001	*Glyptostrobus pensilis*	
台湾杉属	Z 12 03 01 063 006		
秃杉	Z 12 03 01 063 006 001	*Taiwania flousiana*	土杉
巨杉属	Z 12 03 01 063 007		
巨杉	Z 12 03 01 063 007 001	*Sequoiadendron giganteum*	北美巨杉
松科	Z 12 03 01 064		
黄杉属	Z 12 03 01 064 001		
黄杉	Z 12 03 01 064 001 001	*Pseudotsuga sinensis*	罗汉松
金钱松属	Z 12 03 01 064 002		

（续表）

物种名称	代　码	拉丁名	别　名
金钱松	Z 12 03 01 064 002 001	*Pseudolarix amabilis*	水树
冷杉属	Z 12 03 01 064 003		
冷杉	Z 12 03 01 064 003 001	*Abies fabri*	塔杉
落叶松属	Z 12 03 01 064 004		
日本落叶松	Z 12 03 01 064 004 001	*Larix kaempferi*	
松属	Z 12 03 01 064 005		
偃松	Z 12 03 01 064 005 001	*Pinus pumila*	
白皮松	Z 12 03 01 064 005 002	*Pinus bungeana*	三针松
黑松	Z 12 03 01 064 005 003	*Pinus thunbergii*	
马尾松	Z 12 03 01 064 005 004	*Pinus massoniana*	青松
日本五针松	Z 12 03 01 064 005 005	*Pinus parviflora*	日本五须松
湿地松	Z 12 03 01 064 005 006	*Pinus elliottii*	
铁杉属	Z 12 03 01 064 006		
铁杉	Z 12 03 01 064 006 001	*Tsuga chinensis*	刺柏
雪松属	Z 12 03 01 064 007		
雪松	Z 12 03 01 064 007 001	*Cedrus deodara*	香柏
油杉属	Z 12 03 01 064 008		
铁坚油杉	Z 12 03 01 064 008 001	*Keteleeria davidiana*	铁坚杉
油杉	Z 12 03 01 064 008 002	*Keteleeria fortunei*	松梧
云杉属	Z 12 03 01 064 009		
云杉	Z 12 03 01 064 009 001	*Picea asperata*	
青扦	Z 12 03 01 064 009 002	*Picea wilsonii*	刺儿松
泽米铁科	Z 12 03 01 065		
泽米属	Z 12 03 01 065 001		
鳞秕泽米	Z 12 03 01 065 001 001	*Zamia furfuracea*	南美苏铁

（续表）

物种名称	代　码	拉丁名	别　名
苏铁科	Z 12 03 01 066		
苏铁属	Z 12 03 01 066 001		
苏铁	Z 12 03 01 066 001 001	*Cycas revoluta*	铁树
桫椤科	Z 12 03 01 067		
桫椤属	Z 12 03 01 067 001		
桫椤	Z 12 03 01 067 001 001	*Alsophila spinulosa*	
小檗科	Z 12 03 01 068		
小檗属	Z 12 03 01 068 001		
日本小檗	Z 12 03 01 068 001 001	*Berberis thunbergii*	
悬铃木科	Z 12 03 01 069		
悬铃木属	Z 12 03 01 069 001		
二球悬铃木	Z 12 03 01 069 001 001	*Platanus acerifolia*	英国梧桐
三球悬铃木	Z 12 03 01 069 001 002	*Platanus orientalis*	法国梧桐
一球悬铃木	Z 12 03 01 069 001 003	*Platanus occidentalis*	美国梧桐
银杏科	Z 12 03 01 070		
银杏属	Z 12 03 01 070 001		
银杏	Z 12 03 01 070 001 001	*Ginkgo biloba*	白果
紫草科	Z 12 03 01 071		
厚壳树属	Z 12 03 01 071 001		
粗糠树	Z 12 03 01 071 001 001	*Ehretia macrophylla*	
基及树属	Z 12 03 01 071 002		
基及树	Z 12 03 01 071 002 001	*Carmona microphylla*	
大风子科	Z 12 03 01 072		
柞木属	Z 12 03 01 072 001		
柞木	Z 12 03 01 072 001 001	*Xylosma racemosum*	

（续表）

物种名称	代　码	拉丁名	别　名
龙舌兰科	Z 12 03 01 073		
酒瓶兰属	Z 12 03 01 073 001		
酒瓶兰	Z 12 03 01 073 001 001	*Beaucarnea recurvata*	象腿树
蓼科	Z 12 03 01 074		
竹节蓼属	Z 12 03 01 074 001		
竹节蓼	Z 12 03 01 074 001 001	*Homalocladium platycladum*	扁叶蓼
染料类	Z 13		
	Z 13 01		
	Z 13 01 01		
蓼科	Z 13 01 01 001		
蓼属	Z 13 01 01 001 001		
蓼蓝	Z 13 01 01 001 001 001	*Polygonum tinctorium*	
菊科	Z 13 01 01 002		
红花属	Z 13 01 01 002 001		
红花	Z 13 01 01 002 001 001	*Carthamus tinctorius*	
茜草科	Z 13 01 01 003		
栀子属	Z 13 01 01 003 001		
栀子	Z 13 01 01 003 001 001	*Gardenia jasminoides*	
豆科	Z 13 01 01 004		
木蓝属	Z 13 01 01 004 001		
木蓝	Z 13 01 01 004 001 001	*Indigofera tinctoria*	蓝靛
爵床科	Z 13 01 01 005		
板蓝属	Z 13 01 01 005 001		
板蓝	Z 13 01 01 005 001 001	*Baphicacanthus cusia*	板蓝根
漆料类	Z 14		

（续表）

物种名称	代　码	拉丁名	别　名
	Z 14 01		
	Z 14 01 01		
大戟科	Z 14 01 01 001		
油桐属	Z 14 01 01 001 001		
油桐	Z 14 01 01 001 001 001	*Vernicia fordii*	桐油树
漆树科	Z 14 01 01 002		
漆属	Z 14 01 01 002 001		
漆	Z 14 01 01 002 001 001	*Toxicodendron vernicifluum*	漆树
胶液料类	Z 15		
	Z 15 01		
	Z 15 01 01		
豆科	Z 15 01 01 001		
金合欢属	Z 15 01 01 001 001		
阿拉伯胶树	Z 15 01 01 001 001 001	*Acacia senegal*	
瓜儿豆属	Z 15 01 01 001 002		
瓜儿豆	Z 15 01 01 001 002 001	*Cyamopsis tetragonoloba*	
大戟科	Z 15 01 01 002		
橡胶树属	Z 15 01 01 002 001		
橡胶树	Z 15 01 01 002 001 001	*Hevea brasiliensis*	橡皮树
菊科	Z 15 01 01 003		
蒲公英属	Z 15 01 01 003 001		
橡胶草	Z 15 01 01 003 001 001	*Taraxacum kok-saghyz*	
银胶菊属	Z 15 01 01 003 002		
银胶菊	Z 15 01 01 003 002 001	*Parthenium hysterophorus*	
桑科	Z 15 01 01 004		

（续表）

物种名称	代　码	拉丁名	别　名
卡斯桑属	Z 15 01 01 004 001		
弹性卡斯桑木	Z 15 01 01 004 001 001	*Castilla elastica*	
鞣料类	Z 16		
	Z 16 01		
	Z 16 01 01		
蓼科	Z 16 01 01 001		
酸模属	Z 16 01 01 001 001		
皱叶酸模	Z 16 01 01 001 001 001	*Rumex crispus*	
豆科	Z 16 01 01 002		
黄檀属	Z 16 01 01 002 001		
藤黄檀	Z 16 01 01 002 001 001	*Dalbergia hancei*	梣果藤
马鞍树属	Z 16 01 01 002 002		
朝鲜槐	Z 16 01 01 002 002 001	*Maackia amurensis*	高丽槐
羊蹄甲属	Z 16 01 01 002 003		
龙须藤	Z 16 01 01 002 003 001	*Bauhinia championii*	钩藤
金合欢属	Z 16 01 01 002 004		
黑荆	Z 16 01 01 002 004 001	*Acacia mearnsii*	
银荆	Z 16 01 01 002 004 002	*Acacia dealbata*	
藤金合欢	Z 16 01 01 002 004 003	*Acacia sinuata*	
合欢属	Z 16 01 01 002 005		
楹树	Z 16 01 01 002 005 001	*Albizia chinensis*	
毛叶合欢	Z 16 01 01 002 005 002	*Albizia mollis*	
猴耳环属	Z 16 01 01 002 006		
猴耳环	Z 16 01 01 002 006 001	*Pithecellobium clypearia*	围涎树
牛蹄豆	Z 16 01 01 002 006 002	*Pithecellobium dulce*	

（续表）

物种名称	代　码	拉丁名	别　名
薯蓣科	Z 16 01 01 003		
薯蓣属	Z 16 01 01 003 001		
薯莨	Z 16 01 01 003 001 001	*Dioscorea cirrhosa*	
红豆杉科	Z 16 01 01 004		
红豆杉属	Z 16 01 01 004 001		
南方红豆杉	Z 16 01 01 004 001 001	*Taxus chinensis* var. *mairei*	红豆杉
大戟科	Z 16 01 01 005		
油桐属	Z 16 01 01 005 001		
木油桐	Z 16 01 01 005 001 001	*Vernicia montana*	千年桐
石栗属	Z 16 01 01 005 002		
石栗	Z 16 01 01 005 002 001	*Aleurites moluccana*	
黑面神属	Z 16 01 01 005 003		
黑面神	Z 16 01 01 005 003 001	*Breynia fruticosa*	狗脚刺
大戟属	Z 16 01 01 005 004		
地锦	Z 16 01 01 005 004 001	*Euphorbia humifusa*	
荨麻科	Z 16 01 01 006		
荨麻属	Z 16 01 01 006 001		
狭叶荨麻	Z 16 01 01 006 001 001	*Urtica angustifolia*	
榆科	Z 16 01 01 007		
山黄麻属	Z 16 01 01 007 001		
山黄麻	Z 16 01 01 007 001 001	*Trema tomentosa*	
楝科	Z 16 01 01 008		
香椿属	Z 16 01 01 008 001		
红椿	Z 16 01 01 008 001 001	*Toona ciliata*	
槭树科	Z 16 01 01 009		

（续表）

物种名称	代　码	拉丁名	别　名
槭属	Z 16 01 01 009 001		
毛脉槭	Z 16 01 01 009 001 001	*Acer pubinerve*	
茶条槭	Z 16 01 01 009 001 002	*Acer ginnala*	茶条
小楷槭	Z 16 01 01 009 001 003	*Acer komarovii*	
紫花槭	Z 16 01 01 009 001 004	*Acer pseudosieboldianum*	丹枫
青楷槭	Z 16 01 01 009 001 005	*Acer tegmentosum*	辽东槭
三花槭	Z 16 01 01 009 001 006	*Acer triflorum*	伞花槭
青榨槭	Z 16 01 01 009 001 007	*Acer davidii*	
茄科	Z 16 01 01 010		
茄属	Z 16 01 01 010 001		
红茄	Z 16 01 01 010 001 001	*Solanum integrifolium*	
马尿泡属	Z 16 01 01 010 002		
马尿泡	Z 16 01 01 010 002 001	*Przewalskia tangutica*	唐古特马尿泡
蔷薇科	Z 16 01 01 011		
蔷薇属	Z 16 01 01 011 001		
刺蔷薇	Z 16 01 01 011 001 001	*Rosa acicularis*	大叶蔷薇
硕苞蔷薇	Z 16 01 01 011 001 002	*Rosa bracteata*	
小果蔷薇	Z 16 01 01 011 001 003	*Rosa cymosa*	山木香
山刺玫	Z 16 01 01 011 001 004	*Rosa davurica*	刺玫蔷薇
卵果蔷薇	Z 16 01 01 011 001 005	*Rosa helenae*	
峨眉蔷薇	Z 16 01 01 011 001 006	*Rosa omeiensis*	刺石榴
委陵菜属	Z 16 01 01 011 002		
蕨麻	Z 16 01 01 011 002 001	*Potentilla anserina*	人参果
杨梅科	Z 16 01 01 012		
杨梅属	Z 16 01 01 012 001		

（续表）

物种名称	代　码	拉丁名	别　名
毛杨梅	Z 16 01 01 012 001 001	*Myrica esculenta*	
柿科	Z 16 01 01 013		
柿属	Z 16 01 01 013 001		
粉叶柿	Z 16 01 01 013 001 001	*Diospyros glaucifolia*	浙江柿
胡桃科	Z 16 01 01 014		
胡桃属	Z 16 01 01 014 001		
野核桃	Z 16 01 01 014 001 001	*Juglans cathayensis*	山核桃
壳斗科	Z 16 01 01 015		
栗属	Z 16 01 01 015 001		
锥栗	Z 16 01 01 015 001 001	*Castanea henryi*	尖栗
茅栗	Z 16 01 01 015 001 002	*Castanea seguinii*	
栎属	Z 16 01 01 015 002		
槲栎	Z 16 01 01 015 002 001	*Quercus aliena*	
大叶栎	Z 16 01 01 015 002 002	*Quercus griffithii*	
辽东栎	Z 16 01 01 015 002 003	*Quercus wutaishanica*	
高山栎	Z 16 01 01 015 002 004	*Quercus semicarpifolia*	
锥属	Z 16 01 01 015 003		
黧蒴锥	Z 16 01 01 015 003 001	*Castanopsis fissa*	
青冈属	Z 16 01 01 015 004		
曼青冈	Z 16 01 01 015 004 001	*Cyclobalanopsis oxyodon*	曼椆
桦木科	Z 16 01 01 016		
桤木属	Z 16 01 01 016 001		
辽东桤木	Z 16 01 01 016 001 001	*Alnus sibirica*	
江南桤木	Z 16 01 01 016 001 002	*Alnus trabeculosa*	
尼泊尔桤木	Z 16 01 01 016 001 003	*Alnus nepalensis*	

（续表）

物种名称	代　码	拉丁名	别　名
榛属	Z 16 01 01 016 002		
毛榛	Z 16 01 01 016 002 001	*Corylus mandshurica*	火榛子
虎榛子属	Z 16 01 01 016 003		
虎榛子	Z 16 01 01 016 003 001	*Ostryopsis davidiana*	
桃金娘科	Z 16 01 01 017		
蒲桃属	Z 16 01 01 017 001		
红鳞蒲桃	Z 16 01 01 017 001 001	*Syzygium hancei*	
藤黄科	Z 16 01 01 018		
金丝桃属	Z 16 01 01 018 001		
黄海棠	Z 16 01 01 018 001 001	*Hypericum ascyron*	
山榄科	Z 16 01 01 019		
紫荆木属	Z 16 01 01 019 001		
海南紫荆木	Z 16 01 01 019 001 001	*Madhuca hainanensis*	
杜鹃花科	Z 16 01 01 020		
杜鹃属	Z 16 01 01 020 001		
牛皮杜鹃	Z 16 01 01 020 001 001	*Rhododendron aureum*	
长蕊杜鹃	Z 16 01 01 020 001 002	*Rhododendron stamineum*	
越橘属	Z 16 01 01 020 002		
越橘	Z 16 01 01 020 002 001	*Vaccinium vitis-idaea*	
山茶科	Z 16 01 01 021		
大头茶属	Z 16 01 01 021 001		
大头茶	Z 16 01 01 021 001 001	*Gordonia axillaris*	
牻牛儿苗科	Z 16 01 01 022		
老鹳草属	Z 16 01 01 022 001		
老鹳草	Z 16 01 01 022 001 001	*Geranium wilfordii*	

（续表）

物种名称	代　码	拉丁名	别　名
木犀科	Z 16 01 01 023		
丁香属	Z 16 01 01 023 001		
暴马丁香	Z 16 01 01 023 001 001	*Syringa reticulata* var. *amurensis*	
千屈菜科	Z 16 01 01 024		
虾子花属	Z 16 01 01 024 001		
虾子花	Z 16 01 01 024 001 001	*Woodfordia fruticosa*	吴福花
金缕梅科	Z 16 01 01 025		
蚊母树属	Z 16 01 01 025 001		
杨梅叶蚊母树	Z 16 01 01 025 001 001	*Distylium myricoides*	
柳叶菜科	Z 16 01 01 026		
柳叶菜属	Z 16 01 01 026 001		
柳兰	Z 16 01 01 026 001 001	*Epilobium angustifolium*	
景天科	Z 16 01 01 027		
红景天属	Z 16 01 01 027 001		
小丛红景天	Z 16 01 01 027 001 001	*Rhodiola dumulosa*	凤尾七
杜英科	Z 16 01 01 028		
杜英属	Z 16 01 01 028 001		
中华杜英	Z 16 01 01 028 001 001	*Elaeocarpus chinensis*	
紫金牛科	Z 16 01 01 029		
蜡烛果属	Z 16 01 01 029 001		
蜡烛果	Z 16 01 01 029 001 001	*Aegiceras corniculatum*	
密花树属	Z 16 01 01 029 002		
密花树	Z 16 01 01 029 002 001	*Rapanea neriifolia*	打铁树
松科	Z 16 01 01 030		

（续表）

物种名称	代　码	拉丁名	别　名
铁杉属	Z 16 01 01 030 001		
云南铁杉	Z 16 01 01 030 001 001	*Tsuga dumosa*	
云杉属	Z 16 01 01 030 002		
油麦吊云杉	Z 16 01 01 030 002 001	*Picea brachytyla* var. *complanata*	麦吊杉
白花丹科	Z 16 01 01 031		
补血草属	Z 16 01 01 031 001		
二色补血草	Z 16 01 01 031 001 001	*Limonium bicolor*	
虎耳草科	Z 16 01 01 032		
鼠刺属	Z 16 01 01 032 001		
滇鼠刺	Z 16 01 01 032 001 001	*Itea yunnanensis*	云南鼠刺
红树科	Z 16 01 01 033		
木榄属	Z 16 01 01 033 001		
木榄	Z 16 01 01 033 001 001	*Bruguiera gymnorrhiza*	
海莲	Z 16 01 01 033 001 002	*Bruguiera sexangula*	
红树属	Z 16 01 01 033 002		
红树	Z 16 01 01 033 002 001	*Rhizophora apiculata*	
角果木属	Z 16 01 01 033 003		
角果木	Z 16 01 01 033 003 001	*Ceriops tagal*	
秋茄树属	Z 16 01 01 033 004		
秋茄树	Z 16 01 01 033 004 001	*Kandelia candel*	
使君子科	Z 16 01 01 034		
诃子属	Z 16 01 01 034 001		
海南榄仁	Z 16 01 01 034 001 001	*Terminalia hainanensis*	鸡针木
锁阳科	Z 16 01 01 035		

（续表）

物种名称	代　码	拉丁名	别　名
锁阳属	Z 16 01 01 035 001		
锁阳	Z 16 01 01 035 001 001	*Cynomorium songaricum*	
饲料类	Z 17		
	Z 17 01		
	Z 17 01 01		
菊科	Z 17 01 01 001		
松香草属	Z 17 01 01 001 001		
串叶松香草	Z 17 01 01 001 001 001	*Silphium perfoliatum*	
菊苣属	Z 17 01 01 001 002		
菊苣	Z 17 01 01 001 002 001	*Cichorium intybus*	
藜科	Z 17 01 01 002		
甜菜属	Z 17 01 01 002 001		
饲用甜菜	Z 17 01 01 002 001 001	*Beta vulgaris* var. *lutea*	
玄参科	Z 17 01 01 003		
小米草属	Z 17 01 01 003 001		
小米草	Z 17 01 01 003 001 001	*Euphrasia pectinata*	
紫草科	Z 17 01 01 004		
聚合草属	Z 17 01 01 004 001		
聚合草	Z 17 01 01 004 001 001	*Symphytum officinale*	
豆科	Z 17 01 01 005		
车轴草属	Z 17 01 01 005 001		
红车轴草	Z 17 01 01 005 001 001	*Trifolium pratense*	红三叶
白车轴草	Z 17 01 01 005 001 002	*Trifolium repens*	白三叶
苜蓿属	Z 17 01 01 005 002		
紫苜蓿	Z 17 01 01 005 002 001	*Medicago sativa*	

（续表）

物种名称	代　码	拉丁名	别　名
野苜蓿	Z 17 01 01 005 002 002	*Medicago falcata*	
花苜蓿	Z 17 01 01 005 002 003	*Medicago ruthenica*	
天蓝苜蓿	Z 17 01 01 005 002 004	*Medicago lupulina*	
木蓝属	Z 17 01 01 005 003		
多花木蓝	Z 17 01 01 005 003 001	*Indigofera amblyantha*	
禾本科	Z 17 01 01 006		
赖草属	Z 17 01 01 006 001		
羊草	Z 17 01 01 006 001 001	*Leymus chinensis*	
狼尾草属	Z 17 01 01 006 002		
巨菌草	Z 17 01 01 006 002 001	*Pennisetum sinese*	
象草	Z 17 01 01 006 002 002	*Pennisetum purpureum*	
皇竹草	Z 17 01 01 006 002 003	*Pennisetum hydridum*	
黑麦草属	Z 17 01 01 006 003		
黑麦草	Z 17 01 01 006 003 001	*Lolium perenne*	
多花黑麦草	Z 17 01 01 006 003 002	*Lolium multiflorum*	
大麦属	Z 17 01 01 006 004		
短芒大麦草	Z 17 01 01 006 004 001	*Hordeum brevisublatum*	
雀麦属	Z 17 01 01 006 005		
沙地雀麦	Z 17 01 01 006 005 001	*Bromus ircutensis*	
疏花雀麦	Z 17 01 01 006 005 002	*Bromus remotiflorus*	
扁穗雀麦	Z 17 01 01 006 005 003	*Bromus catharticus*	
无芒雀麦	Z 17 01 01 006 005 004	*Bromus inermis*	
旱雀麦	Z 17 01 01 006 005 005	*Bromus tectorum*	
密穗雀麦	Z 17 01 01 006 005 006	*Bromus sewerzowii*	
黑麦属	Z 17 01 01 006 006		

（续表）

物种名称	代　码	拉丁名	别　名
冬牧70黑麦	Z 17 01 01 006 006 001	*Secale cereale* ‘Dongmu 70’	
芒属	Z 17 01 01 006 007		
芒	Z 17 01 01 006 007 001	*Miscanthus sinensis*	
类蜀黍属	Z 17 01 01 006 008		
墨西哥类玉米	Z 17 01 01 006 008 001	*Euchlaena mexicana*	
高粱属	Z 17 01 01 006 009		
苏丹草	Z 17 01 01 006 009 001	*Sorghum sudanense*	
高丹草	Z 17 01 01 006 009 002	*Sorghum bicolor*×*S. sudanense*	
浮萍科	Z 17 01 01 007		
芜萍属	Z 17 01 01 007 001		
芜萍	Z 17 01 01 007 001 001	*Wolffia arrhiza*	无根萍
紫萍属	Z 17 01 01 007 002		
紫萍	Z 17 01 01 007 002 001	*Spirodela polyrrhiza*	
满江红科	Z 17 01 01 008		
满江红属	Z 17 01 01 008 001		
满江红	Z 17 01 01 008 001 001	*Azolla imbricata*	红浮萍
茨藻科	Z 17 01 01 009		
茨藻属	Z 17 01 01 009 001		
大茨藻	Z 17 01 01 009 001 001	*Najas marina*	
肥料类	Z 18		
绿肥	Z 18 01		
	Z 18 01 01		
豆科	Z 18 01 01 001		
野豌豆属	Z 18 01 01 001 001		
长柔毛野豌豆	Z 18 01 01 001 001 001	*Vicia villosa*	毛叶苕子

（续表）

物种名称	代　码	拉丁名	别　名
黄耆属	Z 18 01 01 001 002		
紫云英	Z 18 01 01 001 002 001	*Astragalus sinicus*	
猪屎豆属	Z 18 01 01 001 003		
菽麻	Z 18 01 01 001 003 001	*Crotalaria juncea*	印度麻
田菁属	Z 18 01 01 001 004		
田菁	Z 18 01 01 001 004 001	*Sesbania cannabina*	
防护用材林木	Z 19		
针叶树类	Z 19 01		
	Z 19 01 01		
柏科	Z 19 01 01 001		
柏木属	Z 19 01 01 001 001		
干香柏	Z 19 01 01 001 001 001	*Cupressus duclouxiana*	冲天柏
罗汉松科	Z 19 01 01 002		
陆均松属	Z 19 01 01 002 001		
陆均松	Z 19 01 01 002 001 001	*Dacrydium pierrei*	
杉科	Z 19 01 01 003		
金松属	Z 19 01 01 003 001		
金松	Z 19 01 01 003 001 001	*Sciadopitys verticillata*	
松科	Z 19 01 01 004		
银杉属	Z 19 01 01 004 001		
银杉	Z 19 01 01 004 001 001	*Cathaya argyrophylla*	
黄杉属	Z 19 01 01 004 002		
花旗松	Z 19 01 01 004 002 001	*Pseudotsuga menziesii*	
冷杉属	Z 19 01 01 004 003		
臭冷杉	Z 19 01 01 004 003 001	*Abies nephrolepis*	臭松

（续表）

物种名称	代 码	拉丁名	别 名
杉松	Z 19 01 01 004 003 002	*Abies holophylla*	沙松
落叶松属	Z 19 01 01 004 004		
华北落叶松	Z 19 01 01 004 004 001	*Larix principis-rupprechtii*	落叶松
落叶松	Z 19 01 01 004 004 002	*Larix gmelinii*	
黄花落叶松	Z 19 01 01 004 004 003	*Larix olgensis*	黄花松
红杉	Z 19 01 01 004 004 004	*Larix potaninii*	
松属	Z 19 01 01 004 005		
海南五针松	Z 19 01 01 004 005 001	*Pinus fenzeliana*	海南松
华南五针松	Z 19 01 01 004 005 002	*Pinus kwangtungensis*	广东松
南亚松	Z 19 01 01 004 005 003	*Pinus latteri*	越南松
高山松	Z 19 01 01 004 005 004	*Pinus densata*	
加勒比松	Z 19 01 01 004 005 005	*Pinus caribaea*	古巴松
红松	Z 19 01 01 004 005 006	*Pinus koraiensis*	海松
思茅松	Z 19 01 01 004 005 007	*Pinus kesiya*	
樟子松	Z 19 01 01 004 005 008	*Pinus sylvestris* var. *mongolica*	欧洲赤松
巴山松	Z 19 01 01 004 005 009	*Pinus henryi*	短叶马尾松
华山松	Z 19 01 01 004 005 010	*Pinus armandii*	白松
火炬松	Z 19 01 01 004 005 011	*Pinus taeda*	
油松	Z 19 01 01 004 005 012	*Pinus tabuliformis*	短叶松
云南松	Z 19 01 01 004 005 013	*Pinus yunnanensis*	青松
云杉属	Z 19 01 01 004 006		
丽江云杉	Z 19 01 01 004 006 001	*Picea likiangensis*	丽江杉
红皮云杉	Z 19 01 01 004 006 002	*Picea koraiensis*	虎尾松
青海云杉	Z 19 01 01 004 006 003	*Picea crassifolia*	
白扦	Z 19 01 01 004 006 004	*Picea meyeri*	红扦

（续表）

物种名称	代　码	拉丁名	别　名
鱼鳞云杉	Z 19 01 01 004 006 005	*Picea jezoensis* var. *microsperma*	鱼鳞杉
紫果云杉	Z 19 01 01 004 006 006	*Picea purpurea*	紫果杉
雪岭杉	Z 19 01 01 004 006 007	*Picea schrenkiana*	雪岭云杉
阔叶乔木	Z 19 02		
	Z 19 02 01		
豆科	Z 19 02 01 001		
槐属	Z 19 02 01 001 001		
槐	Z 19 02 01 001 001 001	*Sophora japonica*	槐树
金合欢属	Z 19 02 01 001 002		
大叶相思	Z 19 02 01 001 002 001	*Acacia auriculiformis*	
决明属	Z 19 02 01 001 003		
铁刀木	Z 19 02 01 001 003 001	*Cassia siamea*	黑心树
黄檀属	Z 19 02 01 001 004		
降香	Z 19 02 01 001 004 001	*Dalbergia odorifera*	花梨木
格木属	Z 19 02 01 001 005		
格木	Z 19 02 01 001 005 001	*Erythrophleum fordii*	铁木
酸豆属	Z 19 02 01 001 006		
酸豆	Z 19 02 01 001 006 001	*Tamarindus indica*	酸角
银合欢属	Z 19 02 01 001 007		
银合欢	Z 19 02 01 001 007 001	*Leucaena leucocephala*	白合欢
椴树科	Z 19 02 01 002		
椴树属	Z 19 02 01 002 001		
紫椴	Z 19 02 01 002 001 001	*Tilia amurensis*	
蚬木属	Z 19 02 01 002 002		

（续表）

物种名称	代 码	拉丁名	别 名
蚬木	Z 19 02 01 002 002 001	*Excentrodendron hsienmu*	
杨柳科	Z 19 02 01 003		
杨属	Z 19 02 01 003 001		
北京杨	Z 19 02 01 003 001 001	*Populus×beijingensis*	
大青杨	Z 19 02 01 003 001 002	*Populus ussuriensis*	
河北杨	Z 19 02 01 003 001 003	*Populus hopeiensis*	椴杨
青杨	Z 19 02 01 003 001 004	*Populus cathayana*	
沙兰杨	Z 19 02 01 003 001 005	*Populus×canadensis* 'Sacrau 79'	
小黑杨	Z 19 02 01 003 001 006	*Populus×xiaohei*	
榆科	Z 19 02 01 004		
榆属	Z 19 02 01 004 001		
榆树	Z 19 02 01 004 001 001	*Ulmus pumila*	白榆
藜科	Z 19 02 01 005		
梭梭属	Z 19 02 01 005 001		
梭梭	Z 19 02 01 005 001 001	*Haloxylon ammodendron*	琐琐
胡桃科	Z 19 02 01 006		
青钱柳属	Z 19 02 01 006 001		
青钱柳	Z 19 02 01 006 001 001	*Cyclocarya paliurus*	山麻柳
壳斗科	Z 19 02 01 007		
锥属	Z 19 02 01 007 001		
栲	Z 19 02 01 007 001 001	*Castanopsis fargesii*	
红锥	Z 19 02 01 007 001 002	*Castanopsis hystrix*	锥栗
毛锥	Z 19 02 01 007 001 003	*Castanopsis fordii*	毛栲
钩锥	Z 19 02 01 007 001 004	*Castanopsis tibetana*	槠栗

（续表）

物种名称	代　码	拉丁名	别　名
栎属	Z 19 02 01 007 002		
巴东栎	Z 19 02 01 007 002 001	*Quercus engleriana*	
蒙古栎	Z 19 02 01 007 002 002	*Quercus mongolica*	
粗齿蒙古栎	Z 19 02 01 007 002 003	*Quercus mongolica* var. *grosseserrata*	
大果蒙古栎	Z 19 02 01 007 002 004	*Quercus mongolica* var. *macrocarpa*	
桦木科	Z 19 02 01 008		
桦木属	Z 19 02 01 008 001		
白桦	Z 19 02 01 008 001 001	*Betula platyphylla*	桦皮树
桤木属	Z 19 02 01 008 002		
桤木	Z 19 02 01 008 002 001	*Alnus cremastogyne*	
山龙眼科	Z 19 02 01 009		
山龙眼属	Z 19 02 01 009 001		
小果山龙眼	Z 19 02 01 009 001 001	*Helicia cochinchinensis*	羊屎果
芸香科	Z 19 02 01 010		
吴茱萸属	Z 19 02 01 010 001		
楝叶吴萸	Z 19 02 01 010 001 001	*Evodia glabrifolia*	山漆
桃金娘科	Z 19 02 01 011		
桉属	Z 19 02 01 011 001		
斑皮桉	Z 19 02 01 011 001 001	*Eucalyptus maculata*	
斑叶桉	Z 19 02 01 011 001 002	*Eucalyptus punctata*	
大桉	Z 19 02 01 011 001 003	*Eucalyptus grandis*	
柳叶桉	Z 19 02 01 011 001 004	*Eucalyptus saligna*	
薄皮大叶桉	Z 19 02 01 011 001 005	*Eucalyptus crawford*	
赤桉	Z 19 02 01 011 001 006	*Eucalyptus camaldulensis*	

（续表）

物种名称	代　码	拉丁名	别　名
窿缘桉	Z 19 02 01 011 001 007	*Eucalyptus exserta*	
纤脉桉	Z 19 02 01 011 001 008	*Eucalyptus leptophleba*	
细叶桉	Z 19 02 01 011 001 009	*Eucalyptus tereticornis*	
斜脉胶桉	Z 19 02 01 011 001 010	*Eucalyptus kirtoniana*	
野桉	Z 19 02 01 011 001 011	*Eucalyptus rudis*	
圆锥花桉	Z 19 02 01 011 001 012	*Eucalyptus paniculata*	
藤黄科	Z 19 02 01 012		
藤黄属	Z 19 02 01 012 001		
金丝李	Z 19 02 01 012 001 001	*Garcinia paucinervis*	
山榄科	Z 19 02 01 013		
紫荆木属	Z 19 02 01 013 001		
紫荆木	Z 19 02 01 013 001 001	*Madhuca pasquieri*	
木兰科	Z 19 02 01 014		
含笑属	Z 19 02 01 014 001		
醉香含笑	Z 19 02 01 014 001 001	*Michelia macclurei*	火力楠
木犀科	Z 19 02 01 015		
梣属	Z 19 02 01 015 001		
水曲柳	Z 19 02 01 015 001 001	*Fraxinus mandschurica*	东北梣
玄参科	Z 19 02 01 016		
泡桐属	Z 19 02 01 016 001		
兰考泡桐	Z 19 02 01 016 001 001	*Paulownia elongata*	
楸叶泡桐	Z 19 02 01 016 001 002	*Paulownia catalpifolia*	
金缕梅科	Z 19 02 01 017		
壳菜果属	Z 19 02 01 017 001		
壳菜果	Z 19 02 01 017 001 001	*Mytilaria laosensis*	米老排

（续表）

物种名称	代码	拉丁名	别名
冬青科	Z 19 02 01 018		
冬青属	Z 19 02 01 018 001		
大叶冬青	Z 19 02 01 018 001 001	*Ilex latifolia*	
能源类	Z 20		
	Z 20 01		
	Z 20 01 01		
大戟科	Z 20 01 01 001		
麻疯树属	Z 20 01 01 001 001		
麻疯树	Z 20 01 01 001 001 001	*Jatropha curcas*	臭油桐
动物类	D		
肉用类	D 01		
脊索动物	D 01 01		
哺乳类	D 01 01 01		
猪科	D 01 01 01 001		
猪属	D 01 01 01 001 001		
家猪	D 01 01 01 001 001 001	*Sus scrofa domesticus*	猪
竹鼠科	D 01 01 01 002		
竹鼠属	D 01 01 01 002 001		
暗褐竹鼠	D 01 01 01 002 001 001	*Rhizomys wardi*	竹鼠
鹿科	D 01 01 01 003		
狍属	D 01 01 01 003 001		
狍	D 01 01 01 003 001 001	*Capreolus capreolus*	狍子
鸟类	D 01 01 02		
鸭科	D 01 01 02 001		
雁属	D 01 01 02 001 001		

（续表）

物种名称	代　码	拉丁名	别　名
斑头雁	D 01 01 02 001 001 001	*Anser indicus*	
两栖类	D 01 01 03		
蛙科	D 01 01 03 001		
林蛙属	D 01 01 03 001 001		
牛蛙	D 01 01 03 001 001 001	*Rana catesbeiana*	菜蛙
黑斑蛙	D 01 01 03 001 001 002	*Rana nigromaculata*	田鸡
欧洲林蛙	D 01 01 03 001 001 003	*Rana temporaria*	
沼蛙属	D 01 01 03 001 002		
沼蛙	D 01 01 03 001 002 001	*Boulengerana guentheri*	
叉舌蛙科	D 01 01 03 002		
虎纹蛙属	D 01 01 03 002 001		
虎纹蛙	D 01 01 03 002 001 001	*Hoplobatrachus chinensis*	水鸡
棘胸蛙属	D 01 01 03 002 002		
棘胸蛙	D 01 01 03 002 002 001	*Quasipaa spinosa*	石鸡
隐鳃鲵科	D 01 01 03 003		
大鲵属	D 01 01 03 003 001		
大鲵	D 01 01 03 003 001 001	*Andrias davidianus*	娃娃鱼
爬行类	D 01 01 04		
鳖科	D 01 01 04 001		
中华鳖属	D 01 01 04 001 001		
中华鳖	D 01 01 04 001 001 001	*Pelodiscus sinensis*	甲鱼
滑鳖属	D 01 01 04 001 002		
珍珠鳖	D 01 01 04 001 002 001	*Apalone ferox*	
龟科	D 01 01 04 002		
乌龟属	D 01 01 04 002 001		

（续表）

物种名称	代　码	拉丁名	别　名
乌龟	D 01 01 04 002 001 001	*Chinemys reevesii*	
平胸龟科	D 01 01 04 003		
平胸龟属	D 01 01 04 003 001		
平胸龟	D 01 01 04 003 001 001	*Platysternon megacephalum*	鹰嘴龟
鼍科	D 01 01 04 004		
鼍属	D 01 01 04 004 001		
密西西比鳄	D 01 01 04 004 001 001	*Alligator mississipiensis*	密河鳄
扬子鳄	D 01 01 04 004 001 002	*Alligator sinensis*	中华鼍
鳄龟科	D 01 01 04 005		
鳄龟属	D 01 01 04 005 001		
真鳄龟	D 01 01 04 005 001 001	*Macroclemys temmincki*	肉龟
拟鳄龟属	D 01 01 04 005 002		
拟鳄龟	D 01 01 04 005 002 001	*Chelydra serpentina*	小鳄龟
鱼类	D 01 01 05		
鲅科	D 01 01 05 001		
马鲛属	D 01 01 05 001 001		
蓝点马鲛	D 01 01 05 001 001 001	*Scomberomorus niphonius*	鲅鱼
白鲳科	D 01 01 05 002		
白鲳属	D 01 01 05 002 001		
白鲳	D 01 01 05 002 001 001	*Ephippus orbis*	
白鲟科	D 01 01 05 003		
白鲟属	D 01 01 05 003 001		
白鲟	D 01 01 05 003 001 001	*Psephurus gladius*	
北梭鱼科	D 01 01 05 004		
北梭鱼属	D 01 01 05 004 001		

（续表）

物种名称	代　码	拉丁名	别　名
北梭鱼	D 01 01 05 004 001 001	*Albula glossodonta*	
鲳科	D 01 01 05 005		
鲳属	D 01 01 05 005 001		
燕尾鲳	D 01 01 05 005 001 001	*Pampus nozawae*	
银鲳	D 01 01 05 005 001 002	*Pampus argenteus*	
中国鲳	D 01 01 05 005 001 003	*Pampus chinensis*	
鲿科	D 01 01 05 006		
黄颡鱼属	D 01 01 05 006 001		
黄颡鱼	D 01 01 05 006 001 001	*Pelteobagrus fulvidraco*	黄辣丁
瓦氏黄颡鱼	D 01 01 05 006 001 002	*Pelteobagrus vachelli*	江黄颡鱼
光泽黄颡鱼	D 01 01 05 006 001 003	*Pelteobagrus nitidus*	
鮠属	D 01 01 05 006 002		
长吻鮠	D 01 01 05 006 002 001	*Leiocassis longirostris*	江团
粗唇鮠	D 01 01 05 006 002 002	*Leiocassis crassilabri*	
拟鲿属	D 01 01 05 006 003		
乌苏拟鲿	D 01 01 05 006 003 001	*Pseubagrus ussuriensis*	
刺鳅科	D 01 01 05 007		
刺鳅属	D 01 01 05 007 001		
大刺鳅	D 01 01 05 007 001 001	*Mastacembelus armatus*	刀枪鱼
刺鳅	D 01 01 05 007 001 002	*Mastacembelus aculeatus*	刀鳅
鲷科	D 01 01 05 008		
黄鲷属	D 01 01 05 008 001		
黄鲷	D 01 01 05 008 001 001	*Taius tumifrons*	
真鲷属	D 01 01 05 008 002		
真鲷	D 01 01 05 008 002 001	*Pagrosomus major*	

（续表）

物种名称	代　码	拉丁名	别　名
鲷属	D 01 01 05 008 003		
黑鲷	D 01 01 05 008 003 001	*Acanthopagrus schlegelii*	
灰鳍鲷	D 01 01 05 008 003 002	*Acanthopagrus berda*	乌翅
二长棘鲷属	D 01 01 05 008 004		
二长棘鲷	D 01 01 05 008 004 001	*Parargyrops edita*	
平鲷属	D 01 01 05 008 005		
平鲷	D 01 01 05 008 005 001	*Rhabdosargus sarba*	
鲽科	D 01 01 05 009		
高眼鲽属	D 01 01 05 009 001		
高眼鲽	D 01 01 05 009 001 001	*Cleisthenes herzensteini*	片口
黄盖鲽属	D 01 01 05 009 002		
钝吻黄盖鲽	D 01 01 05 009 002 001	*Pseudopleuronectes yokohamae*	
石鲽属	D 01 01 05 009 003		
石鲽	D 01 01 05 009 003 001	*Kareius bicoloratus*	
斗鱼科	D 01 01 05 010		
长丝鲈属	D 01 01 05 010 001		
长丝鲈	D 01 01 05 010 001 001	*Osphronemus goramy*	
杜父鱼科	D 01 01 05 011		
松江鲈属	D 01 01 05 011 001		
松江鲈	D 01 01 05 011 001 001	*Trachidermus fasciatus*	
鲱科	D 01 01 05 012		
鲥属	D 01 01 05 012 001		
鲥	D 01 01 05 012 001 001	*Tenualosa reevesii*	迟鱼
鲱属	D 01 01 05 012 002		
太平洋鲱	D 01 01 05 012 002 001	*Clupea pallasii*	

（续表）

物种名称	代　码	拉丁名	别　名
大西洋鲱	D 01 01 05 012 002 002	*Clupea harengus*	
斑鰶属	D 01 01 05 012 003		
斑鰶	D 01 01 05 012 003 001	*Konosirus punctatus*	刺儿鱼
革鲀科	D 01 01 05 013		
马面鲀属	D 01 01 05 013 001		
绿鳍马面鲀	D 01 01 05 013 001 001	*Navodon septentrionalis*	
狗鱼科	D 01 01 05 014		
狗鱼属	D 01 01 05 014 001		
黑斑狗鱼	D 01 01 05 014 001 001	*Esox reicherti*	狗鱼
白斑狗鱼	D 01 01 05 014 001 002	*Esox lucius*	狗鱼
鲑科	D 01 01 05 015		
白鲑属	D 01 01 05 015 001		
乌苏里白鲑	D 01 01 05 015 001 001	*Coregonus ussuriensis*	
大麻哈鱼属	D 01 01 05 015 002		
大麻哈鱼	D 01 01 05 015 002 001	*Oncorhynchus keta*	鲑鱼
马苏大麻哈鱼	D 01 01 05 015 002 002	*Oncorhynchus masou*	鲑鱼
驼背大麻哈鱼	D 01 01 05 015 002 003	*Oncorhynchus gorbuscha*	鲑鱼
虹鳟	D 01 01 05 015 002 004	*Oncorhynchus mykiss*	
鲑属	D 01 01 05 015 003		
河鳟	D 01 01 05 015 003 001	*Salmo trutta*	
哲罗鱼属	D 01 01 05 015 004		
哲罗鲑	D 01 01 05 015 004 001	*Hucho taimen*	
细鳞鲑属	D 01 01 05 015 005		
细鳞鲑	D 01 01 05 015 005 001	*Brachymystax lenok*	山细鳞鱼
红点鲑属	D 01 01 05 015 006		

（续表）

物种名称	代　码	拉丁名	别　名
白斑红点鲑	D 01 01 05 015 006 001	*Salvelinus leucomaenis*	
茴鱼属	D 01 01 05 015 007		
黑龙江茴鱼	D 01 01 05 015 007 001	*Thymallus arcticus*	斑鳟子
合鳃鱼科	D 01 01 05 016		
黄鳝属	D 01 01 05 016 001		
黄鳝	D 01 01 05 016 001 001	*Monopterus albus*	
胡瓜鱼科	D 01 01 05 017		
公鱼属	D 01 01 05 017 001		
池沼公鱼	D 01 01 05 017 001 001	*Hypomesus olidus*	黄瓜鱼
胡子鲇科	D 01 01 05 018		
胡子鲇属	D 01 01 05 018 001		
胡子鲇	D 01 01 05 018 001 001	*Clarias fuscus*	
革胡子鲇	D 01 01 05 018 001 002	*Clarias gariepinus*	埃及胡子鲇
鮰科	D 01 01 05 019		
斑点叉尾鮰属	D 01 01 05 019 001		
斑点叉尾鮰	D 01 01 05 019 001 001	*Ictalurus punctaus*	沟鲶
锯腹鳓科	D 01 01 05 020		
鳓属	D 01 01 05 020 001		
鳓	D 01 01 05 020 001 001	*Ilisha elongata*	曹白鱼
军曹鱼科	D 01 01 05 021		
军曹鱼属	D 01 01 05 021 001		
军曹鱼	D 01 01 05 021 001 001	*Rachycentron canadus*	海鲡
鲤科	D 01 01 05 022		
䱻属	D 01 01 05 022 001		
花䱻	D 01 01 05 022 001 001	*Hemibarbus maculatus*	吉花鱼

（续表）

物种名称	代　码	拉丁名	别　名
白甲鱼属	D 01 01 05 022 002		
多鳞白甲鱼	D 01 01 05 022 002 001	*Onychostoma macrolepis*	赤鳞鱼
白甲鱼	D 01 01 05 022 002 002	*Onychostoma sima*	
南方白甲鱼	D 01 01 05 022 002 003	*Onychostoma gerlachi*	香榄鱼
鳊属	D 01 01 05 022 003		
鳊	D 01 01 05 022 003 001	*Parabramis pekinensis*	长春鳊
鲌属	D 01 01 05 022 004		
达氏鲌	D 01 01 05 022 004 001	*Culter dabryi*	青梢子
翘嘴鲌	D 01 01 05 022 004 002	*Culter alburnus*	
蒙古鲌	D 01 01 05 022 004 003	*Culter mongolicus*	红梢子
草鱼属	D 01 01 05 022 005		
草鱼	D 01 01 05 022 005 001	*Ctenopharyngodon idellus*	鲩
赤眼鳟属	D 01 01 05 022 006		
赤眼鳟	D 01 01 05 022 006 001	*Squaliobarbus curriculus*	红眼鱼
倒刺鲃属	D 01 01 05 022 007		
光倒刺鲃	D 01 01 05 022 007 001	*Spinibarbus hollandi*	
中华倒刺鲃	D 01 01 05 022 007 002	*Spinibarbus sinensis*	
倒刺鲃	D 01 01 05 022 007 003	*Spinibarbus denticulatus*	
丁鱥属	D 01 01 05 022 008		
丁鱥	D 01 01 05 022 008 001	*Tinca tinca*	
鲂属	D 01 01 05 022 009		
团头鲂	D 01 01 05 022 009 001	*Megalobrama amblycephala*	武昌鱼
长体鲂	D 01 01 05 022 009 002	*Megalobrama elongata*	
厚颌鲂	D 01 01 05 022 009 003	*Megalobrama pellegrini*	
三角鲂	D 01 01 05 022 009 004	*Megalobrama terminalis*	

（续表）

物种名称	代 码	拉丁名	别 名
鳡属	D 01 01 05 022 010		
鳡	D 01 01 05 022 010 001	*Elopichthys bambusa*	
鲴属	D 01 01 05 022 011		
银鲴	D 01 01 05 022 011 001	*Xenocypris argentea*	
黄尾鲴	D 01 01 05 022 011 002	*Xenocypris davidi*	黄尾刁
细鳞鲴	D 01 01 05 022 011 003	*Xenocypris microlepis*	沙姑子
鳤属	D 01 01 05 022 012		
鳤	D 01 01 05 022 012 001	*Ochetobius elongatus*	
光唇鱼属	D 01 01 05 022 013		
光唇鱼	D 01 01 05 022 013 001	*Acrossocheilus fasciatus*	
华鳊属	D 01 01 05 022 014		
大眼华鳊	D 01 01 05 022 014 001	*Sinibrama macrops*	
华鲮属	D 01 01 05 022 015		
华鲮	D 01 01 05 022 015 001	*Sinilabeo rendahli*	
鲫属	D 01 01 05 022 016		
彭泽鲫	D 01 01 05 022 016 001	*Carassius auratus pengze*	
鲫	D 01 01 05 022 016 002	*Carassius auratus*	鲫瓜子
黑鲫	D 01 01 05 022 016 003	*Carassius carassius*	
银鲫	D 01 01 05 022 016 004	*Carassius auratus gibelio*	红鲫
近红鲌属	D 01 01 05 022 017		
黑尾近红鲌	D 01 01 05 022 017 001	*Ancherythroculter nigrocauda*	黑尾鲌
卷口鱼属	D 01 01 05 022 018		
卷口鱼	D 01 01 05 022 018 001	*Ptychidio jordani*	
鲤属	D 01 01 05 022 019		
鲤	D 01 01 05 022 019 001	*Cyprinus carpio*	

（续表）

物种名称	代 码	拉丁名	别 名
鲢属	D 01 01 05 022 020		
鲢	D 01 01 05 022 020 001	*Hypophthalmichthys molitrix*	白鲢
大鳞鲢	D 01 01 05 022 020 002	*Hypophthalmichthys harmandi*	
裂腹鱼属	D 01 01 05 022 021		
重口裂腹鱼	D 01 01 05 022 021 001	*Schizothorax davidi*	
齐口裂腹鱼	D 01 01 05 022 021 002	*Schizothorax prenanti*	
鲮属	D 01 01 05 022 022		
麦瑞加拉鲮	D 01 01 05 022 022 001	*Cirrhinus mrigala*	麦鲮
鲮	D 01 01 05 022 022 002	*Cirrhinus molitorella*	土鲮鱼
鲈鲤属	D 01 01 05 022 023		
花鲈鲤	D 01 01 05 022 023 001	*Percocypris regani*	
裸鲤属	D 01 01 05 022 024		
青海湖裸鲤	D 01 01 05 022 024 001	*Gymnocypris przewalskii*	湟鱼
马口鱼属	D 01 01 05 022 025		
马口鱼	D 01 01 05 022 025 001	*Opsariichthys bidens*	花杈鱼
麦穗鱼属	D 01 01 05 022 026		
麦穗鱼	D 01 01 05 022 026 001	*Pseudorasbora parva*	
拟赤梢鱼属	D 01 01 05 022 027		
拟赤梢鱼	D 01 01 05 022 027 001	*Pseudaspius leptocephalus*	红尾巴梢
拟鲤属	D 01 01 05 022 028		
湖拟鲤	D 01 01 05 022 028 001	*Rutilus lacustris*	
欧鳊属	D 01 01 05 022 029		
欧鳊	D 01 01 05 022 029 001	*Abramis brama*	鳊花
鳑鲏属	D 01 01 05 022 030		
高体鳑鲏	D 01 01 05 022 030 001	*Rhodeus ocellatus*	火片子

（续表）

物种名称	代　码	拉丁名	别　名
刺鳑鲏属	D 01 01 05 022 031		
大鳍刺鳑鲏	D 01 01 05 022 031 001	*Acanthorhodeus asmussi*	
飘鱼属	D 01 01 05 022 032		
银飘鱼	D 01 01 05 022 032 001	*Pseudolaubuca sinensis*	
青鱼属	D 01 01 05 022 033		
青鱼	D 01 01 05 022 033 001	*Mylopharyngodon piceus*	青根
铜鱼属	D 01 01 05 022 034		
圆口铜鱼	D 01 01 05 022 034 001	*Coreius guichenoti*	水密子
铜鱼	D 01 01 05 022 034 002	*Coreius heterokon*	水密子
雅罗鱼属	D 01 01 05 022 035		
贝加尔雅罗鱼	D 01 01 05 022 035 001	*Leuciscus baicalensis*	小白条
瓦氏雅罗鱼	D 01 01 05 022 035 002	*Leuciscus waleckii*	
高体雅罗鱼	D 01 01 05 022 035 003	*Leuciscus idus*	圆腹雅罗鱼
野鲮属	D 01 01 05 022 036		
露斯塔野鲮	D 01 01 05 022 036 001	*Labeo rohita*	野鲮
异华鲮属	D 01 01 05 022 037		
异华鲮	D 01 01 05 022 037 001	*Parasinilabeo assimilis*	
鳙属	D 01 01 05 022 038		
鳙	D 01 01 05 022 038 001	*Aristichthys nobilis*	花鲢、胖头鱼
原鲌属	D 01 01 05 022 039		
红鳍原鲌	D 01 01 05 022 039 001	*Cultrichthys erythropterus*	红梢子
原鲤属	D 01 01 05 022 040		
乌原鲤	D 01 01 05 022 040 001	*Procypris merus*	乌鲤
岩原鲤	D 01 01 05 022 040 002	*Procypris rabaudi*	岩鲤
圆吻鲴属	D 01 01 05 022 041		

（续表）

物种名称	代　码	拉丁名	别　名
圆吻鲴	D 01 01 05 022 041 001	*Distoechodon tumirostris*	
鳢科	D 01 01 05 023		
鳢属	D 01 01 05 023 001		
乌鳢	D 01 01 05 023 001 001	*Channa argus*	黑鱼
月鳢	D 01 01 05 023 001 002	*Channa asiatica*	七星鱼
斑鳢	D 01 01 05 023 001 003	*Channa maculata*	
丽鱼科	D 01 01 05 024		
罗非鱼属	D 01 01 05 024 001		
尼罗罗非鱼	D 01 01 05 024 001 001	*Oreochromis nilotica*	罗非鱼
莫桑比克罗非鱼	D 01 01 05 024 001 002	*Oreochromis mossambicus*	罗非鱼
菱鲆科	D 01 01 05 025		
瘤棘鲆属	D 01 01 05 025 001		
大菱鲆	D 01 01 05 025 001 001	*Scophthalmus maximus*	多宝鱼
六线鱼科	D 01 01 05 026		
六线鱼属	D 01 01 05 026 001		
大泷六线鱼	D 01 01 05 026 001 001	*Hexagrammos otakii*	
鲈科	D 01 01 05 027		
鲈属	D 01 01 05 027 001		
河鲈	D 01 01 05 027 001 001	*Perca fluviatilis*	赤鲈
梭鲈属	D 01 01 05 027 002		
梭鲈	D 01 01 05 027 002 001	*Lucioperca lucioperca*	
鲹科	D 01 01 05 028		
鰤属	D 01 01 05 028 001		
黄条鰤	D 01 01 05 028 001 001	*Seriola aureovittata*	

（续表）

物种名称	代　码	拉丁名	别　名
高体鰤	D 01 01 05 028 001 002	*Seriola dumerili*	杜氏鰤
鲳鲹属	D 01 01 05 028 002		
卵形鲳鲹	D 01 01 05 028 002 001	*Trachinotus blochii*	黄腊鲳、金鲳
鳗鲡科	D 01 01 05 029		
鳗鲡属	D 01 01 05 029 001		
花鳗鲡	D 01 01 05 029 001 001	*Anguilla marmorata*	
鳗鲡	D 01 01 05 029 001 002	*Anguilla japonica*	白鳝
梦鲈科	D 01 01 05 030		
狼鲈属	D 01 01 05 030 001		
杂交条纹鲈	D 01 01 05 030 001 001	*Morone saxatilis×M. chrysops*	
鲇科	D 01 01 05 031		
鲇属	D 01 01 05 031 001		
鲇	D 01 01 05 031 001 001	*Silurus asotus*	土鲇
大口鲇	D 01 01 05 031 001 002	*Silurus meridionalis*	南方大口鲇
欧洲六须鲇	D 01 01 05 031 001 003	*Silurus glanis*	
怀头鲇	D 01 01 05 031 001 004	*Silurus soldatovi*	六须鲇
鲯鳅科	D 01 01 05 032		
鲯鳅属	D 01 01 05 032 001		
鲯鳅	D 01 01 05 032 001 001	*Coryphaena hippurus*	
鮨科	D 01 01 05 033		
鳜属	D 01 01 05 033 001		
翘嘴鳜	D 01 01 05 033 001 001	*Siniperca chuatsi*	胖鳜鱼
大眼鳜	D 01 01 05 033 001 002	*Siniperca kneri*	
鳜	D 01 01 05 033 001 003	*Siniperca chuatsi*	桂花鱼
花鲈属	D 01 01 05 033 002		

（续表）

物种名称	代　码	拉丁名	别　名
花鲈	D 01 01 05 033 002 001	*Lateolabrax japonicus*	鲈鱼
石斑鱼属	D 01 01 05 033 003		
纵带石斑鱼	D 01 01 05 033 003 001	*Epinephelus latifasciatus*	石斑鱼
赤点石斑鱼	D 01 01 05 033 003 002	*Epinephelus akaara*	红斑鱼
宝石石斑鱼	D 01 01 05 033 003 003	*Epinephelus areolatus*	芝麻斑
青石斑鱼	D 01 01 05 033 003 004	*Epinephelus awoara*	青斑鱼
鳅科	D 01 01 05 034		
副泥鳅属	D 01 01 05 034 001		
大鳞副泥鳅	D 01 01 05 034 001 001	*Paramisgurnus dabryanus*	大泥鳅
泥鳅属	D 01 01 05 034 002		
泥鳅	D 01 01 05 034 002 001	*Misgurnus anguillicaudatus*	
薄鳅属	D 01 01 05 034 003		
长薄鳅	D 01 01 05 034 003 001	*Leptobotia elongata*	花泥鳅
副沙鳅属	D 01 01 05 034 004		
花斑副沙鳅	D 01 01 05 034 004 001	*Parabotia fasciata*	黄鳅、沙鳅
沙塘鳢科	D 01 01 05 035		
沙塘鳢属	D 01 01 05 035 001		
中华沙塘鳢	D 01 01 05 035 001 001	*Odontobutis sinensis*	沙塘鳢
上口脂鲤科	D 01 01 05 036		
脂鲤属	D 01 01 05 036 001		
小口脂鲤	D 01 01 05 036 001 001	*Prochilodus lineatus*	巴西鲷
舌鳎科	D 01 01 05 037		
舌鳎属	D 01 01 05 037 001		
半滑舌鳎	D 01 01 05 037 001 001	*Cynoglossus semilaevis*	龙脷鱼
窄体舌鳎	D 01 01 05 037 001 002	*Cynoglossus gracilis*	鳎目鱼

（续表）

物种名称	代 码	拉丁名	别 名
三线舌鳎	D 01 01 05 037 001 003	*Cynoglossus trigrammus*	鳎目鱼
石鲈科	D 01 01 05 038		
髭鲷属	D 01 01 05 038 001		
斜带髭鲷	D 01 01 05 038 001 001	*Hapalogenys nitens*	打铁鱼
胡椒鲷属	D 01 01 05 038 002		
花尾胡椒鲷	D 01 01 05 038 002 001	*Plectorhynchus cinctus*	
石首鱼科	D 01 01 05 039		
毛鲿鱼属	D 01 01 05 039 001		
褐毛鲿鱼	D 01 01 05 039 001 001	*Megalonibea fusca*	毛鲿
拟石首鱼属	D 01 01 05 039 002		
眼斑拟石首鱼	D 01 01 05 039 002 001	*Sciaenops ocellatus*	美国红鱼
梅童鱼属	D 01 01 05 039 003		
棘头梅童鱼	D 01 01 05 039 003 001	*Collichthys lucidus*	大头宝
黄鱼属	D 01 01 05 039 004		
大黄鱼	D 01 01 05 039 004 001	*Pseudosciaena crocea*	
黄姑鱼属	D 01 01 05 039 005		
黄姑鱼	D 01 01 05 039 005 001	*Nibea albiflora*	黄姑子
鮸属	D 01 01 05 039 006		
鮸	D 01 01 05 039 006 001	*Miichthys miiuy*	米鱼
鳎科	D 01 01 05 040		
条鳎属	D 01 01 05 040 001		
带纹条鳎	D 01 01 05 040 001 001	*Zebrias zebra*	
太阳鱼科	D 01 01 05 041		
黑鲈属	D 01 01 05 041 001		
加州鲈	D 01 01 05 041 001 001	*Micropterus salmoides*	大口黑鲈

（续表）

物种名称	代 码	拉丁名	别 名
塘鳢科	D 01 01 05 042		
乌塘鳢属	D 01 01 05 042 001		
乌塘鳢	D 01 01 05 042 001 001	*Bostrichthys sinensis*	
鳀科	D 01 01 05 043		
鲚属	D 01 01 05 043 001		
刀鲚	D 01 01 05 043 001 001	*Coilia ectenes*	长江刀鱼
短颌鲚	D 01 01 05 043 001 002	*Coilia brachygnathus*	
黄鲫属	D 01 01 05 043 002		
黄鲫	D 01 01 05 043 002 001	*Setipinna taty*	油扣
鲀科	D 01 01 05 044		
东方鲀属	D 01 01 05 044 001		
虫纹东方鲀	D 01 01 05 044 001 001	*Takifugu vermicularis*	河鲀
假睛东方鲀	D 01 01 05 044 001 002	*Takifugu pseudommus*	河鲀
红鳍东方鲀	D 01 01 05 044 001 003	*Takifugu rubripes*	河鲀
暗纹东方鲀	D 01 01 05 044 001 004	*Takifugu obscurus*	河鲀
弓斑东方鲀	D 01 01 05 044 001 005	*Takifugu ocellatus*	河鲀
条纹东方鲀	D 01 01 05 044 001 006	*Takifugu xanthopterus*	河鲀
菊黄东方鲀	D 01 01 05 044 001 007	*Takifugu flavidus*	河鲀
方头鱼科	D 01 01 05 045		
方头鱼属	D 01 01 05 045 001		
日本方头鱼	D 01 01 05 045 001 001	*Branchiostegus japonicus*	马头鱼
鱚科	D 01 01 05 046		
鱚属	D 01 01 05 046 001		
多鳞鱚	D 01 01 05 046 001 001	*Sillago sihama*	沙尖鱼
虾虎鱼科	D 01 01 05 047		

（续表）

物种名称	代　码	拉丁名	别　名
复虾虎鱼属	D 01 01 05 047 001		
矛尾复虾虎鱼	D 01 01 05 047 001 001	*Synechogobius hasta*	沙光鱼
斑尾复虾虎鱼	D 01 01 05 047 001 002	*Synechogobius ommaturus*	
缟虾虎鱼属	D 01 01 05 047 002		
纹缟虾虎鱼	D 01 01 05 047 002 001	*Tridentiger trigonocephalus*	
弹涂鱼属	D 01 01 05 047 003		
弹涂鱼	D 01 01 05 047 003 001	*Periophthalmus modestus*	跳跳鱼
大弹涂鱼属	D 01 01 05 047 004		
大弹涂鱼	D 01 01 05 047 004 001	*Boleophthalmus pectinirostris*	
青弹涂鱼属	D 01 01 05 047 005		
青弹涂鱼	D 01 01 05 047 005 001	*Scartelaos virids*	
香鱼科	D 01 01 05 048		
香鱼属	D 01 01 05 048 001		
香鱼	D 01 01 05 048 001 001	*Plecoglossus altivelis*	香油鱼
须鲨科	D 01 01 05 049		
斑竹鲨属	D 01 01 05 049 001		
条纹斑竹鲨	D 01 01 05 049 001 001	*Chiloscyllium plagiosum*	狗鲨
鳕科	D 01 01 05 050		
江鳕属	D 01 01 05 050 001		
江鳕	D 01 01 05 050 001 001	*Lota lota*	山鳕
鲟科	D 01 01 05 051		
鲟属	D 01 01 05 051 001		
俄罗斯鲟	D 01 01 05 051 001 001	*Acipenser gueldenstaedtii*	
小体鲟	D 01 01 05 051 001 002	*Acipenser ruthenus*	
库页岛鲟	D 01 01 05 051 001 003	*Acipenser medirostris*	鲟鱼

（续表）

物种名称	代 码	拉丁名	别 名
史氏鲟	D 01 01 05 051 001 004	*Acipenser schrenckii*	
达氏鲟	D 01 01 05 051 001 005	*Acipenser dabryanus*	长江鲟
中华鲟	D 01 01 05 051 001 006	*Acipenser sinensis*	
裸腹鲟	D 01 01 05 051 001 007	*Acipenser nudiventris*	
西伯利亚鲟	D 01 01 05 051 001 008	*Acipenser baeri*	尖吻鲟
鳇属	D 01 01 05 051 002		
鳇	D 01 01 05 051 002 001	*Huso dauricus*	
牙鲆科	D 01 01 05 052		
牙鲆属	D 01 01 05 052 001		
牙鲆	D 01 01 05 052 001 001	*Paralichthys olivaceus*	偏口鱼
华鲆属	D 01 01 05 052 002		
华鲆	D 01 01 05 052 002 001	*Tephrinectes sinensis*	中华花鲆
银鱼科	D 01 01 05 053		
新银鱼属	D 01 01 05 053 001		
太湖新银鱼	D 01 01 05 053 001 001	*Neosalanx taihuensis*	小银鱼
鲬科	D 01 01 05 054		
鲬属	D 01 01 05 054 001		
鲬	D 01 01 05 054 001 001	*Platycephalus indicus*	牛尾鱼
鳄鲬属	D 01 01 05 054 002		
鳄鲬	D 01 01 05 054 002 001	*Cociella crocodilus*	
鲉科	D 01 01 05 055		
菖鲉属	D 01 01 05 055 001		
褐菖鲉	D 01 01 05 055 001 001	*Sebastiscus marmoratus*	石狗公
鲪属	D 01 01 05 055 002		
黑鲪	D 01 01 05 055 002 001	*Sebastodes fuscescens*	黑石鲈

（续表）

物种名称	代　码	拉丁名	别　名
遮目鱼科	D 01 01 05 056		
遮目鱼属	D 01 01 05 056 001		
遮目鱼	D 01 01 05 056 001 001	*Chanos chanos*	虱目鱼
脂鲤科	D 01 01 05 057		
巨脂鲤属	D 01 01 05 057 001		
短盖巨脂鲤	D 01 01 05 057 001 001	*Piaractus brachypomus*	淡水白鲳
细鳞肥脂鲤	D 01 01 05 057 001 002	*Piaractus mesopotamicus*	细鳞鲳
鲻科	D 01 01 05 058		
鲻属	D 01 01 05 058 001		
头鲻	D 01 01 05 058 001 001	*Mugil cephalus*	
鮻属	D 01 01 05 058 002		
鮻	D 01 01 05 058 002 001	*Liza haematocheila*	
节肢动物	D 01 02		
昆虫纲	D 01 02 01		
斑翅蝗科	D 01 02 01 001		
飞蝗属	D 01 02 01 001 001		
东亚飞蝗	D 01 02 01 001 001 001	*Locusta migratoria*	蚂蚱
蝗科	D 01 02 01 002		
稻蝗属	D 01 02 01 002 001		
中华稻蝗	D 01 02 01 002 001 001	*Oxya chinensis*	
甲壳纲	D 01 02 02		
美螯虾科	D 01 02 02 001		
原螯虾属	D 01 02 02 001 001		
克氏原螯虾	D 01 02 02 001 001 001	*Procambarus clarkii*	淡水小龙虾
玻璃虾科	D 01 02 02 002		

（续表）

物种名称	代　码	拉丁名	别　名
细螯属	D 01 02 02 002 001		
细螯虾	D 01 02 02 002 001 001	*Leptochela gracilis*	
对虾科	D 01 02 02 003		
囊对虾属	D 01 02 02 003 001		
日本囊对虾	D 01 02 02 003 001 001	*Marsupenaeus japonicus*	日本对虾
明对虾属	D 01 02 02 003 002		
中国明对虾	D 01 02 02 003 002 001	*Fenneropenaeus chinensis*	东方对虾、中国对虾
长毛明对虾	D 01 02 02 003 002 002	*Fenneropenaeus penicillatus*	长毛对虾
墨吉明对虾	D 01 02 02 003 002 003	*Fenneropenaeus merguiensis*	
对虾属	D 01 02 02 003 003		
斑节对虾	D 01 02 02 003 003 001	*Penaeus monodon*	草虾
短沟对虾	D 01 02 02 003 003 002	*Penaeus scmisulcatus*	竹节虾
滨对虾属	D 01 02 02 003 004		
凡纳滨对虾	D 01 02 02 003 004 001	*Litopenaeus vannamei*	南美白对虾
仿对虾属	D 01 02 02 003 005		
细巧仿对虾	D 01 02 02 003 005 001	*Parapenaeopsis tenella*	
哈氏仿对虾	D 01 02 02 003 005 002	*Parapenaeopsis hardwickii*	滑皮虾
亨氏仿对虾	D 01 02 02 003 005 003	*Parapenaeopsis hungerfordi*	竹虾
赤虾属	D 01 02 02 003 006		
须赤虾	D 01 02 02 003 006 001	*Metapenaeopsis barbata*	铁壳虾
戴氏赤虾	D 01 02 02 003 006 002	*Metapenaeopsis dalei*	红筋虾
新对虾属	D 01 02 02 003 007		
刀额新对虾	D 01 02 02 003 007 001	*Metapenaeus ensis*	基围虾
周氏新对虾	D 01 02 02 003 007 002	*Metapenaeus joyneri*	羊毛虾

（续表）

物种名称	代　码	拉丁名	别　名
近缘新对虾	D 01 02 02 003 007 003	*Metapenaeus affinis*	花虎虾
鹰爪虾属	D 01 02 02 003 008		
鹰爪虾	D 01 02 02 003 008 001	*Trachysalambria curvirostris*	厚壳虾
龙虾科	D 01 02 02 004		
龙虾属	D 01 02 02 004 001		
波纹龙虾	D 01 02 02 004 001 001	*Panulirus homarus*	
中国龙虾	D 01 02 02 004 001 002	*Panulirus stimpsoni*	大龙虾
锦绣龙虾	D 01 02 02 004 001 003	*Panulirus ornatus*	花龙虾
杂色龙虾	D 01 02 02 004 001 004	*Panulirus versicolor*	白须龙虾
脊龙虾属	D 01 02 02 004 002		
三角脊龙虾	D 01 02 02 004 002 001	*Linuparus trigonus*	
虾蛄科	D 01 02 02 005		
平虾蛄属	D 01 02 02 005 001		
伍氏平虾蛄	D 01 02 02 005 001 001	*Erugosquilla woodmasoni*	皮皮虾
口虾蛄属	D 01 02 02 005 002		
口虾蛄	D 01 02 02 005 002 001	*Oratosquilla oratoria*	赖尿虾、皮皮虾
樱虾科	D 01 02 02 006		
毛虾属	D 01 02 02 006 001		
中国毛虾	D 01 02 02 006 001 001	*Acetes chinensis*	红毛虾
日本毛虾	D 01 02 02 006 001 002	*Acetes japonicus*	水虾
普通毛虾	D 01 02 02 006 001 003	*Acetes vulgaris*	水虾
长臂虾科	D 01 02 02 007		
沼虾属	D 01 02 02 007 001		
罗氏沼虾	D 01 02 02 007 001 001	*Macrobrachium rosenbergii*	

（续表）

物种名称	代　码	拉丁名	别　名
日本沼虾	D 01 02 02 007 001 002	*Macrobrachium nipponense*	青虾、河虾
长臂虾属	D 01 02 02 007 002		
葛氏长臂虾	D 01 02 02 007 002 001	*Palaemon gravieri*	桃红虾
小长臂虾属	D 01 02 02 007 003		
中华小长臂虾	D 01 02 02 007 003 001	*Palaemonetes sinensis*	花腰虾
白虾属	D 01 02 02 007 004		
秀丽白虾	D 01 02 02 007 004 001	*Exopalaemon modestus*	
脊尾白虾	D 01 02 02 007 004 002	*Exopalaemon carinicauda*	
梭子蟹科	D 01 02 02 008		
梭子蟹属	D 01 02 02 008 001		
三疣梭子蟹	D 01 02 02 008 001 001	*Portunus trituberculatus*	梭子蟹
远海梭子蟹	D 01 02 02 008 001 002	*Portunus pelagicus*	梭子蟹
红星梭子蟹	D 01 02 02 008 001 003	*Portunus sanguinolentus*	梭子蟹
柔毛梭子蟹	D 01 02 02 008 001 004	*Portunus pubescens*	梭子蟹
银光梭子蟹	D 01 02 02 008 001 005	*Portunus argentatus*	梭子蟹
拥剑梭子蟹	D 01 02 02 008 001 006	*Portunus gladiator*	梭子蟹
青蟹属	D 01 02 02 008 002		
锯缘青蟹	D 01 02 02 008 002 001	*Scylla serrata*	
蟳属	D 01 02 02 008 003		
日本蟳	D 01 02 02 008 003 001	*Charybdis japonica*	石蟹
方蟹科	D 01 02 02 009		
绒螯蟹属	D 01 02 02 009 001		
日本绒螯蟹	D 01 02 02 009 001 001	*Eriocheir japonicus*	
中华绒螯蟹	D 01 02 02 009 001 002	*Eriocheir sinensis*	河蟹、大闸蟹
软体动物	D 01 03		

（续表）

物种名称	代　码	拉丁名	别　名
瓣鳃纲	D 01 03 01		
蚌科	D 01 03 01 001		
冠蚌属	D 01 03 01 001 001		
褶纹冠蚌	D 01 03 01 001 001 001	*Cristaria plicata*	鸡冠蚌
珠蚌属	D 01 03 01 001 002		
圆顶珠蚌	D 01 03 01 001 002 001	*Unio douglasiae*	蜯蛤
无齿蚌属	D 01 03 01 001 003		
背角无齿蚌	D 01 03 01 001 003 001	*Anodonta woodiana woodiana*	菜蚌
椭圆背角无齿蚌	D 01 03 01 001 003 002	*Anodonta woodiana elliptica*	无齿蚌
圆背角无齿蚌	D 01 03 01 001 003 003	*Anodonta woodiana pacifica*	无齿蚌
帆蚌属	D 01 03 01 001 004		
三角帆蚌	D 01 03 01 001 004 001	*Hyriopsis cumingii*	
截蛏科	D 01 03 01 002		
缢蛏属	D 01 03 01 002 001		
缢蛏	D 01 03 01 002 001 001	*Sinonovacula constricta*	蛏子
蛤蜊科	D 01 03 01 003		
腔蛤蜊属	D 01 03 01 003 001		
西施舌	D 01 03 01 003 001 001	*Coelomactra antiquata*	沙蛤
蛤蜊属	D 01 03 01 003 002		
四角蛤蜊	D 01 03 01 003 002 001	*Mactra veneriformis*	
蚶科	D 01 03 01 004		
毛蚶属	D 01 03 01 004 001		
毛蚶	D 01 03 01 004 001 001	*Scapharca kagoshimensis*	毛蛤
魁蚶	D 01 03 01 004 001 002	*Scapharca broughtonii*	赤贝

（续表）

物种名称	代　码	拉丁名	别　名
泥蚶属	D 01 03 01 004 002		
泥蚶	D 01 03 01 004 002 001	*Tegillarca granosa*	血蚶
江珧科	D 01 03 01 005		
栉江珧属	D 01 03 01 005 001		
栉江珧	D 01 03 01 005 001 001	*Atrina pectinata*	
帘蛤科	D 01 03 01 006		
蛤仔属	D 01 03 01 006 001		
菲律宾蛤仔	D 01 03 01 006 001 001	*Ruditapes philippinarum*	
杂色蛤仔	D 01 03 01 006 001 002	*Ruditapes variegata*	海瓜子
文蛤属	D 01 03 01 006 002		
文蛤	D 01 03 01 006 002 001	*Meretrix meretrix*	花蛤
青蛤属	D 01 03 01 006 003		
环文蛤	D 01 03 01 006 003 001	*Cyclina sinensis*	青蛤
石房蛤属	D 01 03 01 006 004		
紫石房蛤	D 01 03 01 006 004 001	*Saxidomus purpuratus*	
绿螂科	D 01 03 01 007		
绿螂属	D 01 03 01 007 001		
中国绿螂	D 01 03 01 007 001 001	*Glauconome chinensis*	胖象牙贝
牡蛎科	D 01 03 01 008		
牡蛎属	D 01 03 01 008 001		
大连湾牡蛎	D 01 03 01 008 001 001	*Ostrea talienwhanensis*	海蛎子
密鳞牡蛎	D 01 03 01 008 001 002	*Ostrea denselamellosa*	蠔蛎子
褶牡蛎属	D 01 03 01 008 002		
褶牡蛎	D 01 03 01 008 002 001	*Alectryonella plicatula*	蚝
巨牡蛎属	D 01 03 01 008 003		

（续表）

物种名称	代　码	拉丁名	别　名
近江牡蛎	D 01 03 01 008 003 001	*Crassostrea ariakensis*	海蛎子
长牡蛎	D 01 03 01 008 003 002	*Crassostrea gigas*	海蛎子
缝栖蛤科	D 01 03 01 009		
海神蛤属	D 01 03 01 009 001		
高雅海神蛤	D 01 03 01 009 001 001	*Panopea abrupta*	象拔蚌
扇贝科	D 01 03 01 010		
盘扇贝属	D 01 03 01 010 001		
虾夷盘扇贝	D 01 03 01 010 001 001	*Patinopecten yessoensis*	虾夷扇贝
类栉孔扇贝属	D 01 03 01 010 002		
华贵类栉孔扇贝	D 01 03 01 010 002 001	*Mimachlamys nobilis*	
栉孔扇贝属	D 01 03 01 010 003		
齿舌栉孔扇贝	D 01 03 01 010 003 001	*Chlamys radula*	粗肋海扇蛤
栉孔扇贝	D 01 03 01 010 003 002	*Chlamys farreri*	干贝蛤
海湾扇贝属	D 01 03 01 010 004		
海湾扇贝	D 01 03 01 010 004 001	*Argopecten irradians irradians*	
日月贝属	D 01 03 01 010 005		
长肋日月贝	D 01 03 01 010 005 001	*Amussium pleuronectes pleuronectes*	圆贝
蚬科	D 01 03 01 011		
蚬属	D 01 03 01 011 001		
河蚬	D 01 03 01 011 001 001	*Corbicula fluminea*	黄蚬
贻贝科	D 01 03 01 012		
肌蛤属	D 01 03 01 012 001		
凸壳肌蛤	D 01 03 01 012 001 001	*Musculus senhousia*	东亚壳菜蛤
贻贝属	D 01 03 01 012 002		

（续表）

物种名称	代　码	拉丁名	别　名
厚壳贻贝	D 01 03 01 012 002 001	*Mytilus coruscus*	
紫贻贝	D 01 03 01 012 002 002	*Mytilus galloprovincialis*	紫壳菜蛤
股贻贝属	D 01 03 01 012 003		
翡翠股贻贝	D 01 03 01 012 003 001	*Perna viridis*	
樱蛤科	D 01 03 01 013		
明樱蛤属	D 01 03 01 013 001		
彩虹明樱蛤	D 01 03 01 013 001 001	*Moerella iridescens*	虹光亮樱蛤
竹蛏科	D 01 03 01 014		
竹蛏属	D 01 03 01 014 001		
大竹蛏	D 01 03 01 014 001 001	*Solen grandis*	长竹蛏
头足纲	D 01 03 02		
乌贼科	D 01 03 02 001		
无针乌贼属	D 01 03 02 001 001		
曼氏无针乌贼	D 01 03 02 001 001 001	*Sepiella maindroni*	墨鱼
乌贼属	D 01 03 02 001 002		
金乌贼	D 01 03 02 001 002 001	*Sepia esculenta*	墨鱼
蛸科	D 01 03 02 002		
蛸属	D 01 03 02 002 001		
真蛸	D 01 03 02 002 001 001	*Octopus vulgaris*	章鱼
短蛸	D 01 03 02 002 001 002	*Octopus ocellatus*	章鱼
腹足纲	D 01 03 03		
阿地螺科	D 01 03 03 001		
泥螺属	D 01 03 03 001 001		
泥螺	D 01 03 03 001 001 001	*Bullacta ecarata*	
鲍科	D 01 03 03 002		

（续表）

物种名称	代　码	拉丁名	别　名
鲍属	D 01 03 03 002 001		
耳鲍	D 01 03 03 002 001 001	*Haliotis asinina*	
皱纹盘鲍	D 01 03 03 002 001 002	*Haliotis discus hannai*	紫鲍、鲍鱼
杂色鲍	D 01 03 03 002 001 003	*Haliotis diversicolor*	九孔鲍
蛾螺科	D 01 03 03 003		
东风螺属	D 01 03 03 003 001		
泥东风螺	D 01 03 03 003 001 001	*Babylonia lutosa*	南风螺
方斑东风螺	D 01 03 03 003 001 002	*Babylonia areolata*	花螺
香螺属	D 01 03 03 003 002		
香螺	D 01 03 03 003 002 001	*Neptunea cumingi*	
芋螺科	D 01 03 03 004		
红螺属	D 01 03 03 004 001		
红螺	D 01 03 03 004 001 001	*Rapana bezoar*	
脉红螺	D 01 03 03 004 001 002	*Rapana venosa*	海螺
瓶螺科	D 01 03 03 005		
瓶螺属	D 01 03 03 005 001		
福寿螺	D 01 03 03 005 001 001	*Pomacea canaliculata*	大瓶螺
田螺科	D 01 03 03 006		
圆田螺属	D 01 03 03 006 001		
中国圆田螺	D 01 03 03 006 001 001	*Cipangopaludina chinensis*	螺蛳、田螺
中华圆田螺	D 01 03 03 006 001 002	*Cipangopaludina cahayensis*	田螺
环棱螺属	D 01 03 03 006 002		
方形环棱螺	D 01 03 03 006 002 001	*Bellamya quadrata*	方田螺、螺蛳
巴蜗牛科	D 01 03 03 007		
巴蜗牛属	D 01 03 03 007 001		

（续表）

物种名称	代　码	拉丁名	别　名
江西巴蜗牛	D 01 03 03 007 001 001	*Bradybaena kiangsinensis*	水牛、蜗牛
腔肠动物	D 01 04		
钵水母纲	D 01 04 01		
根口水母科	D 01 04 01 001		
海蜇属	D 01 04 01 001 001		
海蜇	D 01 04 01 001 001 001	*Rhopilema esculentum*	水母
环节动物	D 01 05		
多毛纲	D 01 05 01		
沙蚕科	D 01 05 01 001		
刺沙蚕属	D 01 05 01 001 001		
日本刺沙蚕	D 01 05 01 001 001 001	*Neanthes japonica*	
棘皮动物	D 01 06		
海参纲	D 01 06 01		
海参科	D 01 06 01 001		
海参属	D 01 06 01 001 001		
黑海参	D 01 06 01 001 001 001	*Holothuria atra*	海参
玉足海参	D 01 06 01 001 001 002	*Holothuria leucospilota*	
刺参科	D 01 06 01 002		
梅花参属	D 01 06 01 002 001		
梅花参	D 01 06 01 002 001 001	*Thelenota ananas*	红刺参
海胆纲	D 01 06 02		
长海胆科	D 01 06 02 001		
紫海胆属	D 01 06 02 001 001		
紫海胆	D 01 06 02 001 001 001	*Anthocidaris crassispina*	海刺猬
球海胆科	D 01 06 02 002		

（续表）

物种名称	代 码	拉丁名	别 名
球海胆属	D 01 06 02 002 001		
光棘球海胆	D 01 06 02 002 001 001	*Strongylocentrotus nudus*	大连紫海胆
马粪海胆属	D 01 06 02 002 002		
马粪海胆	D 01 06 02 002 002 001	*Hemicentrotus pulcherrimus*	
刻肋海胆科	D 01 06 02 003		
刻肋海胆属	D 01 06 02 003 001		
细雕刻肋海胆	D 01 06 02 003 001 001	*Temnopleurus toreumatica*	
星虫动物	D 01 07		
星虫纲	D 01 07 01		
星虫科	D 01 07 01 001		
方格星虫属	D 01 07 01 001 001		
裸体方格星虫	D 01 07 01 001 001 001	*Sipunculus nudus*	
肉蛋兼用类	D 02		
脊索动物	D 02 01		
鸟类	D 02 01 01		
鸭科	D 02 01 01 001		
雁属	D 02 01 01 001 001		
鹅	D 02 01 01 001 001 001	*Anser cygnoides domestica*	
鸭属	D 02 01 01 001 002		
绿头鸭	D 02 01 01 001 002 001	*Anas platyrhynchos*	鸭
麻鸭属	D 02 01 01 001 003		
麻鸭	D 02 01 01 001 003 001	*Tadorna ferruginea*	
番鸭属	D 02 01 01 001 004		
番鸭	D 02 01 01 001 004 001	*Cairina moschata*	洋鸭
雉科	D 02 01 01 002		

（续表）

物种名称	代　码	拉丁名	别　名
原鸡属	D 02 01 01 002 001		
家鸡	D 02 01 01 002 001 001	*Gallus gallus domestica*	鸡
鹌鹑属	D 02 01 01 002 002		
鹌鹑	D 02 01 01 002 002 001	*Coturnix coturnix*	宛鹑
火鸡属	D 02 01 01 002 003		
火鸡	D 02 01 01 002 003 001	*Meleagris gallopavo*	吐绶鸡
石鸡属	D 02 01 01 002 004		
石鸡	D 02 01 01 002 004 001	*Alectoris chukar*	美国鹧鸪
雉属	D 02 01 01 002 005		
雉鸡	D 02 01 01 002 005 001	*Phasianus colchicus*	野鸡
鹧鸪属	D 02 01 01 002 006		
鹧鸪	D 02 01 01 002 006 001	*Francolinus pintadeanus*	
珠鸡科	D 02 01 01 003		
珠鸡属	D 02 01 01 003 001		
珍珠鸡	D 02 01 01 003 001 001	*Numida meleagris*	山鸡
鸠鸽科	D 02 01 01 004		
鸽属	D 02 01 01 004 001		
家鸽	D 02 01 01 004 001 001	*Columba livia domestica*	
鸵鸟科	D 02 01 01 005		
鸵鸟属	D 02 01 01 005 001		
非洲鸵鸟	D 02 01 01 005 001 001	*Struthio camelus*	
肉奶兼用类	D 03		
脊索动物	D 03 01		
哺乳类	D 03 01 01		
洞角科	D 03 01 01 001		

（续表）

物种名称	代　码	拉丁名	别　名
山羊属	D 03 01 01 001 001		
山羊	D 03 01 01 001 001 001	*Capra aegagrus hircus*	
牛属	D 03 01 01 001 002		
黄牛	D 03 01 01 001 002 001	*Bos taurus*	
瘤牛	D 03 01 01 001 002 002	*Bos indicus*	犎牛
肉毛（绒）兼用类	D 04		
脊索动物	D 04 01		
哺乳类	D 04 01 01		
兔科	D 04 01 01 001		
穴兔属	D 04 01 01 001 001		
穴兔	D 04 01 01 001 001 001	*Oryctolagus cuniculus*	兔子
洞角科	D 04 01 01 002		
绵羊属	D 04 01 01 002 001		
绵羊	D 04 01 01 002 001 001	*Ovis aries*	
骆驼科	D 04 01 01 003		
小羊驼属	D 04 01 01 003 001		
羊驼	D 04 01 01 003 001 001	*Lama pacos*	
肉皮兼用类	D 05		
脊索动物	D 05 01		
哺乳类	D 05 01 01		
犬科	D 05 01 01 001		
貉属	D 05 01 01 001 001		
貉	D 05 01 01 001 001 001	*Nyctereutes procyonoides*	浣熊
狐属	D 05 01 01 001 002		
赤狐	D 05 01 01 001 002 001	*Vulpes vulpes*	红狐、火狐

（续表）

物种名称	代 码	拉丁名	别 名
灵猫科	D 05 01 01 002		
花面狸属	D 05 01 01 002 001		
花面狸	D 05 01 01 002 001 001	*Paguma larvata*	果子狸
鼬科	D 05 01 01 003		
鼬属	D 05 01 01 003 001		
美洲水貂	D 05 01 01 003 001 001	*Mustela vison*	
水獭属	D 05 01 01 003 002		
水獭	D 05 01 01 003 002 001	*Lutra lutra*	
马科	D 05 01 01 004		
马属	D 05 01 01 004 001		
驴	D 05 01 01 004 001 001	*Equus asinus*	
兔科	D 05 01 01 005		
兔属	D 05 01 01 005 001		
獭兔	D 05 01 01 005 001 001	*Rex Rabbit*	力克斯兔
爬行类	D 05 01 02		
鳄科	D 05 01 02 001		
鳄属	D 05 01 02 001 001		
湾鳄	D 05 01 02 001 001 001	*Crocodilus porosus*	食人鳄
肉药兼用类	D 06		
脊索动物	D 06 01		
哺乳类	D 06 01 01		
鹿科	D 06 01 01 001		
鹿属	D 06 01 01 001 001		
梅花鹿	D 06 01 01 001 001 001	*Cervus nippon*	鹿
马鹿	D 06 01 01 001 001 002	*Cervus elaphus*	

（续表）

物种名称	代　码	拉丁名	别　名
穿山甲科	D 06 01 01 002		
穿山甲属	D 06 01 01 002 001		
穿山甲	D 06 01 01 002 001 001	*Manis pentadactyla*	鲮鲤
猬科	D 06 01 01 003		
猬属	D 06 01 01 003 001		
刺猬	D 06 01 01 003 001 001	*Erinaceus amurensis*	
麝科	D 06 01 01 004		
麝属	D 06 01 01 004 001		
原麝	D 06 01 01 004 001 001	*Moschus moschiferus*	香獐子
鸟类	D 06 01 02		
鸦科	D 06 01 02 001		
鸦属	D 06 01 02 001 001		
小嘴乌鸦	D 06 01 02 001 001 001	*Corvus corone*	
两栖类	D 06 01 03		
蟾蜍科	D 06 01 03 001		
蟾蜍属	D 06 01 03 001 001		
中华蟾蜍	D 06 01 03 001 001 001	*Bufo gargarizans*	癞蛤蟆
爬行类	D 06 01 04		
游蛇科	D 06 01 04 001		
乌梢蛇属	D 06 01 04 001 001		
乌梢蛇	D 06 01 04 001 001 001	*Zaocys dhumnades*	乌蛇、乌风蛇
锦蛇属	D 06 01 04 001 002		
黑眉锦蛇	D 06 01 04 001 002 001	*Elaphe taeniura*	家蛇
壁虎科	D 06 01 04 002		
壁虎属	D 06 01 04 002 001		

（续表）

物种名称	代　码	拉丁名	别　名
大壁虎	D 06 01 04 002 001 001	*Gekko gecko*	
眼镜蛇科	D 06 01 04 003		
环蛇属	D 06 01 04 003 001		
银环蛇	D 06 01 04 003 001 001	*Bungarus multicinctus*	
蝰科	D 06 01 04 004		
尖吻蝮属	D 06 01 04 004 001		
尖吻蝮	D 06 01 04 004 001 001	*Deinagkisrrodon acutus*	五步蛇
鱼类	D 06 01 05		
海龙科	D 06 01 05 001		
海马属	D 06 01 05 001 001		
刺海马	D 06 01 05 001 001 001	*Hippocampus histrix*	长棘海马
冠海马	D 06 01 05 001 001 002	*Hippocampus coronatus*	
软体动物	D 06 02		
瓣鳃纲	D 06 02 01		
珍珠贝科	D 06 02 01 001		
珠母贝属	D 06 02 01 001 001		
合浦珠母贝	D 06 02 01 001 001 001	*Pinctada fucata martensii*	马氏珠母贝
大珠母贝	D 06 02 01 001 001 002	*Pinctada maxima*	
珠母贝	D 06 02 01 001 001 003	*Pinctada margaritifera*	
腹足纲	D 06 02 02		
玛瑙螺科	D 06 02 02 001		
非洲大蜗牛属	D 06 02 02 001 001		
褐云玛瑙螺	D 06 02 02 001 001 001	*Achatina fulica*	非洲大蜗牛
节肢动物	D 06 03		
蛛形纲	D 06 03 01		

（续表）

物种名称	代　码	拉丁名	别　名
钳蝎科	D 06 03 01 001		
钳蝎属	D 06 03 01 001 001		
东亚钳蝎	D 06 03 01 001 001 001	*Buthus martensii*	
唇足纲	D 06 03 02		
蜈蚣科	D 06 03 02 001		
蜈蚣属	D 06 03 02 001 001		
少棘蜈蚣	D 06 03 02 001 001 001	*Scoropendra subspinipes mutilans*	百足虫
昆虫纲	D 06 03 03		
鳖蠊科	D 06 03 03 001		
地鳖属	D 06 03 03 001 001		
中华真地鳖	D 06 03 03 001 001 001	*Eupolyphaga sinensis*	土鳖虫
蟋蟀科	D 06 03 03 002		
油葫芦属	D 06 03 03 002 001		
油葫芦	D 06 03 03 002 001 001	*Cryllus testaceus*	
螳科	D 06 03 03 003		
斧螳属	D 06 03 03 003 001		
广斧螳	D 06 03 03 003 001 001	*Hierodula patellifera*	
芫菁科	D 06 03 03 004		
斑蝥属	D 06 03 03 004 001		
眼斑芫菁	D 06 03 03 004 001 001	*Mylabris cichorii*	
蝽科	D 06 03 03 005		
兜蝽属	D 06 03 03 005 001		
九香虫	D 06 03 03 005 001 001	*Aspongopus chinensis*	瓜黑蝽、打屁虫
蝼蛄科	D 06 03 03 006		

（续表）

物种名称	代 码	拉丁名	别 名
蝼蛄属	D 06 03 03 006 001		
东方蝼蛄	D 06 03 03 006 001 001	*Gryllotalpa orientalis*	拉拉蛄
金龟子科	D 06 03 03 007		
蜣螂属	D 06 03 03 007 001		
蜣螂	D 06 03 03 007 001 001	*Copris ochus*	屎壳郎
环节动物	D 06 04		
寡毛纲	D 06 04 01		
巨蚓科	D 06 04 01 001		
环毛蚓属	D 06 04 01 001 001		
威廉环毛蚓	D 06 04 01 001 001 001	*Pheretima guillemi*	
蛭纲	D 06 04 02		
医蛭科	D 06 04 02 001		
医蛭属	D 06 04 02 001 001		
日本医蛭	D 06 04 02 001 001 001	*Hirudo nipponia*	蚂蝗
腔肠动物	D 06 05		
珊瑚虫纲	D 06 05 01		
海葵科	D 06 05 01 001		
海葵属	D 06 05 01 001 001		
紫点海葵	D 06 05 01 001 001 001	*Heteractis crispa*	
丝蜜类	D 07		
节肢动物	D 07 01		
昆虫纲	D 07 01 01		
蜜蜂科	D 07 01 01 001		
蜜蜂属	D 07 01 01 001 001		
西方蜜蜂	D 07 01 01 001 001 001	*Apis mellifera*	意大利蜂

（续表）

物种名称	代　码	拉丁名	别　名
东方蜜蜂	D 07 01 01 001 001 002	*Apis cerana cerana*	
蚕蛾科	D 07 01 01 002		
家蚕蛾属	D 07 01 01 002 001		
家蚕	D 07 01 01 002 001 001	*Bombyx mori*	桑蚕
役力类	D 08		
脊索动物	D 08 01		
哺乳类	D 08 01 01		
洞角科	D 08 01 01 001		
牛属	D 08 01 01 001 001		
野牦牛	D 08 01 01 001 001 001	*Bos mutus*	
水牛属	D 08 01 01 001 002		
水牛	D 08 01 01 001 002 001	*Bubalus bubalus*	
骆驼科	D 08 01 01 002		
骆驼属	D 08 01 01 002 001		
双峰驼	D 08 01 01 002 001 001	*Camelus bactrianus*	野骆驼
马科	D 08 01 01 003		
马属	D 08 01 01 003 001		
野马	D 08 01 01 003 001 001	*Equus caballus*	
鸟类	D 08 01 02		
鸬鹚科	D 08 01 02 001		
鸬鹚属	D 08 01 02 001 001		
普通鸬鹚	D 08 01 02 001 001 001	*Phalacrocorax carbo*	鱼鹰
宠娱观赏类	D 09		
脊索动物	D 09 01		
哺乳类	D 09 01 01		

（续表）

物种名称	代　码	拉丁名	别　名
犬科	D 09 01 01 001		
犬属	D 09 01 01 001 001		
犬	D 09 01 01 001 001 001	*Canis lupus familiaris*	狗
熊科	D 09 01 01 002		
熊属	D 09 01 01 002 001		
黑熊	D 09 01 01 002 001 001	*Ursus thibetanus*	狗熊
马来熊属	D 09 01 01 002 002		
马来熊	D 09 01 01 002 002 001	*Helarctos malayanus*	小狗熊、小黑熊
豚鼠科	D 09 01 01 003		
豚鼠属	D 09 01 01 003 001		
豚鼠	D 09 01 01 003 001 001	*Cavia porcellus*	荷兰猪
仓鼠科	D 09 01 01 004		
仓鼠属	D 09 01 01 004 001		
黑线仓鼠	D 09 01 01 004 001 001	*Cricetulus barabensis*	中国地鼠
松鼠科	D 09 01 01 005		
松鼠属	D 09 01 01 005 001		
松鼠	D 09 01 01 005 001 001	*Sciurus vulgaris*	
花鼠属	D 09 01 01 005 002		
花鼠	D 09 01 01 005 002 001	*Tamias sibiricus*	花狸棒
旱獭属	D 09 01 01 005 003		
喜马拉雅旱獭	D 09 01 01 005 003 001	*Marmota himalayana*	土拨鼠
蒙古旱獭	D 09 01 01 005 003 002	*Marmota sibirica*	土拨鼠
猫科	D 09 01 01 006		
猫属	D 09 01 01 006 001		

（续表）

物种名称	代　码	拉丁名	别　名
猫	D 09 01 01 006 001 001	*Felis silvestris catus*	
毛丝鼠科	D 09 01 01 007		
毛丝鼠属	D 09 01 01 007 001		
毛丝鼠	D 09 01 01 007 001 001	*Chinchilla laniger*	龙猫
犰狳科	D 09 01 01 008		
犰狳属	D 09 01 01 008 001		
犰狳	D 09 01 01 008 001 001	*Priodontes maximus*	铠鼠
海狸鼠科	D 09 01 01 009		
海狸鼠属	D 09 01 01 009 001		
海狸鼠	D 09 01 01 009 001 001	*Myocastor coypus*	河狸鼠、狸獭
鸟类	D 09 01 02		
鸭科	D 09 01 02 001		
天鹅属	D 09 01 02 001 001		
小天鹅	D 09 01 02 001 001 001	*Cygnus columbianus*	
黑天鹅	D 09 01 02 001 001 002	*Cygnus atratus*	
鸳鸯属	D 09 01 02 001 002		
鸳鸯	D 09 01 02 001 002 001	*Aix galericulata*	
雉科	D 09 01 02 002		
孔雀属	D 09 01 02 002 001		
绿孔雀	D 09 01 02 002 001 001	*Pavo muticus*	
鸦科	D 09 01 02 003		
蓝鹊属	D 09 01 02 003 001		
红嘴蓝鹊	D 09 01 02 003 001 001	*Urocissa erythrorhyncha*	赤尾山鸦
椋鸟科	D 09 01 02 004		
椋鸟属	D 09 01 02 004 001		

（续表）

物种名称	代　码	拉丁名	别　名
灰头椋鸟	D 09 01 02 004 001 001	*Sturnus malabaricus*	
八哥属	D 09 01 02 004 002		
八哥	D 09 01 02 004 002 001	*Acridotheres cristatellus*	
鹩哥属	D 09 01 02 004 003		
鹩哥	D 09 01 02 004 003 001	*Gracula religiosa*	九宫鸟
雀科	D 09 01 02 005		
丝雀属	D 09 01 02 005 001		
金丝雀	D 09 01 02 005 001 001	*Serinus canaria*	芙蓉鸟
燕雀属	D 09 01 02 005 002		
燕雀	D 09 01 02 005 002 001	*Fringilla montifringilla*	
金翅雀属	D 09 01 02 005 003		
黄雀	D 09 01 02 005 003 001	*Carduelis spinus*	黄鸟
交嘴雀属	D 09 01 02 005 004		
红交嘴雀	D 09 01 02 005 004 001	*Loxia curvirostra*	交喙鸟
鹟科	D 09 01 02 006		
噪鹛属	D 09 01 02 006 001		
画眉	D 09 01 02 006 001 001	*Garrulax canorus*	
寿带属	D 09 01 02 006 002		
寿带	D 09 01 02 006 002 001	*Terpsiphone paradisi*	绶带鸟
紫寿带	D 09 01 02 006 002 002	*Terpsiphone atrocaudata*	
姬鹟属	D 09 01 02 006 003		
白腹蓝姬鹟	D 09 01 02 006 003 001	*Cyanoptila cyanomelana*	蓝燕
画眉科	D 09 01 02 007		
相思鸟属	D 09 01 02 007 001		
银耳相思鸟	D 09 01 02 007 001 001	*Leiothrix argentauris*	七彩相思鸟

（续表）

物种名称	代　码	拉丁名	别　名
凤鹛属	D 09 01 02 007 002		
白领凤鹛	D 09 01 02 007 002 001	*Yuhina diademata*	
绣眼鸟科	D 09 01 02 008		
绣眼鸟属	D 09 01 02 008 001		
暗绿绣眼鸟	D 09 01 02 008 001 001	*Zosterops japonica*	日本绣眼鸟
鸥科	D 09 01 02 009		
鸥属	D 09 01 02 009 001		
海鸥	D 09 01 02 009 001 001	*Larus canus*	
鹦鹉科	D 09 01 02 010		
虎皮鹦鹉属	D 09 01 02 010 001		
虎皮鹦鹉	D 09 01 02 010 001 001	*Melopsittacus undulatus*	
鹦鹉属	D 09 01 02 010 002		
亚历山大鹦鹉	D 09 01 02 010 002 001	*Psittacula eupatria*	
百灵科	D 09 01 02 011		
凤头百灵属	D 09 01 02 011 001		
凤头百灵	D 09 01 02 011 001 001	*Galerida cristata*	
云雀属	D 09 01 02 011 002		
云雀	D 09 01 02 011 002 001	*Alauda arvensis*	
戴胜科	D 09 01 02 012		
戴胜属	D 09 01 02 012 001		
戴胜	D 09 01 02 012 001 001	*Upupa epops*	鸡冠鸟
太平鸟科	D 09 01 02 013		
太平鸟属	D 09 01 02 013 001		
太平鸟	D 09 01 02 013 001 001	*Bombycilla garrulus*	
小太平鸟	D 09 01 02 013 001 002	*Bombycilla japonica*	

（续表）

物种名称	代 码	拉丁名	别 名
文鸟科	D 09 01 02 014		
文鸟属	D 09 01 02 014 001		
栗腹文鸟	D 09 01 02 014 001 001	*Lonchura malacca*	
鹦雀属	D 09 01 02 014 002		
胡锦鸟	D 09 01 02 014 002 001	*Erythrura gouldiae*	七彩文鸟
鹎科	D 09 01 02 015		
鹎属	D 09 01 02 015 001		
红耳鹎	D 09 01 02 015 001 001	*Pycnonotus jocosus*	高冠鸟
卷尾科	D 09 01 02 016		
卷尾属	D 09 01 02 016 001		
黑卷尾	D 09 01 02 016 001 001	*Dicrurus macrocercus*	黑黎鸡
鹀科	D 09 01 02 017		
鹀属	D 09 01 02 017 001		
黄胸鹀	D 09 01 02 017 001 001	*Emberiza aureola*	禾花雀
鸫科	D 09 01 02 018		
矶鸫属	D 09 01 02 018 001		
白喉矶鸫	D 09 01 02 018 001 001	*Monticola gularis*	
鸫属	D 09 01 02 018 002		
乌鸫	D 09 01 02 018 002 001	*Turdus merula*	黑鸫
歌鸲属	D 09 01 02 018 003		
红点颏	D 09 01 02 018 003 001	*Luscinia calliope*	红喉歌鸲
蓝点颏	D 09 01 02 018 003 002	*Luscinia svecica*	蓝喉歌鸲
织布鸟科	D 09 01 02 019		
寡妇鸟属	D 09 01 02 019 001		
红寡妇鸟	D 09 01 02 019 001 001	*Euplectes orix*	红巧织雀

（续表）

物种名称	代　码	拉丁名	别　名
蕉鹃科	D 09 01 02 020		
蕉鹃属	D 09 01 02 020 001		
蓝冠蕉鹃	D 09 01 02 020 001 001	*Tauraco hartlaubi*	
八色鸫科	D 09 01 02 021		
八色鸫属	D 09 01 02 021 001		
蓝翅八色鸫	D 09 01 02 021 001 001	*Pitta moluccensis*	
梅花雀科	D 09 01 02 022		
草雀属	D 09 01 02 022 001		
斑胸草雀	D 09 01 02 022 001 001	*Poephila guttata*	珍珠鸟
蓝饰雀属	D 09 01 02 022 002		
紫蓝饰雀	D 09 01 02 022 002 001	*Uraeginthus ianthinogaster*	
斑腹雀属	D 09 01 02 022 003		
绿翅斑腹雀	D 09 01 02 022 003 001	*Pytilia melba*	
环喉雀属	D 09 01 02 022 004		
环喉雀	D 09 01 02 022 004 001	*Amadina erythrocephala*	
梅花雀属	D 09 01 02 022 005		
红梅花雀	D 09 01 02 022 005 001	*Amandava amandava*	
鹤科	D 09 01 02 023		
鹤属	D 09 01 02 023 001		
丹顶鹤	D 09 01 02 023 001 001	*Grus japonensis*	仙鹤
佛法僧科	D 09 01 02 024		
三宝鸟属	D 09 01 02 024 001		
三宝鸟	D 09 01 02 024 001 001	*Eurystomus orientalis*	阔嘴鸟
黄鹂科	D 09 01 02 025		
黄鹂属	D 09 01 02 025 001		

（续表）

物种名称	代 码	拉丁名	别 名
黑枕黄鹂	D 09 01 02 025 001 001	*Oriolus chinensis*	黄莺
爬行类	D 09 01 03		
游蛇科	D 09 01 03 001		
锦蛇属	D 09 01 03 001 001		
棕黑锦蛇	D 09 01 03 001 001 001	*Elaphe schrenckii*	
玉米锦蛇	D 09 01 03 001 001 002	*Elaphe guttata*	
玉斑锦蛇	D 09 01 03 001 001 003	*Elaphe mandarina*	美女蛇
绿锦蛇	D 09 01 03 001 001 004	*Elaphe prasina*	
三索锦蛇	D 09 01 03 001 001 005	*Elaphe radiata*	白花锦蛇
灰腹绿锦蛇	D 09 01 03 001 001 006	*Elaphe frenata*	
王蛇属	D 09 01 03 001 002		
沙漠王蛇	D 09 01 03 001 002 001	*Lampropeltis getula splendida*	皇帝蛇
纳尔逊奶蛇	D 09 01 03 001 002 002	*Lampropeltis triangulum nelsoni*	
颈槽蛇属	D 09 01 03 001 003		
虎斑颈槽蛇	D 09 01 03 001 003 001	*Rhabdophis tigrinus*	虎斑游蛇
红脖颈槽蛇	D 09 01 03 001 003 002	*Rhabdophis subminiatus*	红脖游蛇
翠青蛇属	D 09 01 03 001 004		
翠青蛇	D 09 01 03 001 004 001	*Cyclophoiops major*	青蛇
猪鼻蛇属	D 09 01 03 001 005		
东猪鼻蛇	D 09 01 03 001 005 001	*Heterodon platyrhinos*	
腹链蛇属	D 09 01 03 001 006		
草腹链蛇	D 09 01 03 001 006 001	*Amphiesma stolata*	黄头蛇
小头蛇属	D 09 01 03 001 007		
中国小头蛇	D 09 01 03 001 007 001	*Oligodon chinensis*	秤杆蛇
台湾小头蛇	D 09 01 03 001 007 002	*Oligodon formosanus*	台湾秤杆蛇

（续表）

物种名称	代　码	拉丁名	别　名
链蛇属	D 09 01 03 001 008		
粉链蛇	D 09 01 03 001 008 001	*Dinodon rosozonatum*	
赤链蛇	D 09 01 03 001 008 002	*Dinodon rufozonatum*	红斑蛇
斜鳞蛇属	D 09 01 03 001 009		
花尾斜鳞蛇	D 09 01 03 001 009 001	*Pseudoxenodon stejnegeri*	
白环蛇属	D 09 01 03 001 010		
细白环蛇	D 09 01 03 001 010 001	*Lycodon subcinctus*	
瘦蛇属	D 09 01 03 001 011		
绿瘦蛇	D 09 01 03 001 011 001	*Ahaetulla prasina*	鹤蛇
水蛇属	D 09 01 03 001 012		
中国水蛇	D 09 01 03 001 012 001	*Enhydris chinensis*	泥蛇
渔游蛇属	D 09 01 03 001 013		
黄斑渔游蛇	D 09 01 03 001 013 001	*Xenochrophis flavipunctata*	草花蛇
两头蛇属	D 09 01 03 001 014		
钝尾两头蛇	D 09 01 03 001 014 001	*Calamaria septentrionalis*	双头蛇
眼镜蛇科	D 09 01 03 002		
环蛇属	D 09 01 03 002 001		
金环蛇	D 09 01 03 002 001 001	*Bungarus fasciatus*	
曼巴蛇属	D 09 01 03 002 002		
黑曼巴蛇	D 09 01 03 002 002 001	*Dendroaspis polylepis*	黑树眼镜蛇
眼镜王蛇属	D 09 01 03 002 003		
眼镜王蛇	D 09 01 03 002 003 001	*Ophiophagus hannah*	
眼镜蛇属	D 09 01 03 002 004		
舟山眼镜蛇	D 09 01 03 002 004 001	*Naja atra*	中华眼镜蛇
蝰科	D 09 01 03 003		

（续表）

物种名称	代　码	拉丁名	别　名
亚洲蝮属	D 09 01 03 003 001		
短尾蝮	D 09 01 03 003 001 001	*Gloydius brevicaudus*	
中介蝮	D 09 01 03 003 001 002	*Gloydius intermedius*	
蛇岛蝮	D 09 01 03 003 001 003	*Gloydius shedaoensis*	黑眉蝮
原矛头蝮属	D 09 01 03 003 002		
原矛头蝮	D 09 01 03 003 002 001	*Protobothrops mucrosquamatus*	
白眉蝮蛇属	D 09 01 03 003 003		
白眉蝮	D 09 01 03 003 003 001	*Vipera ruselli siamensis*	
竹叶青蛇属	D 09 01 03 003 004		
西藏竹叶青蛇	D 09 01 03 003 004 001	*Trimeresurus tibetanus*	
白头蝰属	D 09 01 03 003 005		
白头蝰	D 09 01 03 003 005 001	*Azemiops feae*	
避役科	D 09 01 03 004		
避役属	D 09 01 03 004 001		
避役	D 09 01 03 004 001 001	*Chamaeleo chamaeleon*	变色龙
龟科	D 09 01 03 005		
拟水龟属	D 09 01 03 005 001		
黄喉拟水龟	D 09 01 03 005 001 001	*Mauremys mutica*	石金钱龟
花龟	D 09 01 03 005 001 002	*Mauremys sinensis*	珍珠龟
鳄蜥科	D 09 01 03 006		
鳄蜥属	D 09 01 03 006 001		
鳄蜥	D 09 01 03 006 001 001	*Shinisaurus crocodilurus*	
飞蜥科	D 09 01 03 007		
鬃狮蜥属	D 09 01 03 007 001		
鬃狮蜥	D 09 01 03 007 001 001	*Pogona vitticeps*	中部鬃狮蜥

（续表）

物种名称	代　码	拉丁名	别　名
巨蜥科	D 09 01 03 008		
巨蜥属	D 09 01 03 008 001		
科莫多巨蜥	D 09 01 03 008 001 001	*Varanus komodoensis*	科莫多龙
圆鼻巨蜥	D 09 01 03 008 001 002	*Varanus salvator*	巨蜥
孟加拉巨蜥	D 09 01 03 008 001 003	*Varanus bengalensis*	
鬣蜥科	D 09 01 03 009		
攀蜥属	D 09 01 03 009 001		
丽纹攀蜥	D 09 01 03 009 001 001	*Japalura splendida*	丽纹龙蜥
树蜥属	D 09 01 03 009 002		
变色树蜥	D 09 01 03 009 002 001	*Calotes versicolor*	
盲蛇科	D 09 01 03 010		
钩盲蛇属	D 09 01 03 010 001		
钩盲蛇	D 09 01 03 010 001 001	*Ramphotyphlops braminus*	地鳝
蟒科	D 09 01 03 011		
蟒属	D 09 01 03 011 001		
缅甸蟒	D 09 01 03 011 001 001	*Python molurus bivittatus*	缅甸岩蟒
球蟒	D 09 01 03 011 001 002	*Python regius*	皇蟒
水蟒属	D 09 01 03 011 002		
水蚺	D 09 01 03 011 002 001	*Eunestes murinus*	水蟒
美洲鬣蜥科	D 09 01 03 012		
须蜥蜴属	D 09 01 03 012 001		
海鬣蜥	D 09 01 03 012 001 001	*Amblyrhynchus cristatus*	钝鼻蜥
美洲鬣蜥属	D 09 01 03 012 002		
绿鬣蜥	D 09 01 03 012 002 001	*Iguana iguana*	
蟒科	D 09 01 03 013		

（续表）

物种名称	代　码	拉丁名	别　名
沙蟒属	D 09 01 03 013 001		
红沙蟒	D 09 01 03 013 001 001	*Eryx miliaris*	
石龙子科	D 09 01 03 014		
石龙子属	D 09 01 03 014 001		
中华石龙子	D 09 01 03 014 001 001	*Eumeces chinensis*	
泽龟科	D 09 01 03 015		
彩龟属	D 09 01 03 015 001		
巴西红耳龟	D 09 01 03 015 001 001	*Trachemys scripta elegans*	秀丽锦龟
鱼类	D 09 01 04		
斗鱼科	D 09 01 04 001		
斗鱼属	D 09 01 04 001 001		
圆尾斗鱼	D 09 01 04 001 001 001	*Macropodus chinensis*	
歧尾斗鱼	D 09 01 04 001 001 002	*Macropodus opercularis*	
虎鲨科	D 09 01 04 002		
虎鲨属	D 09 01 04 002 001		
宽纹虎鲨	D 09 01 04 002 001 001	*Heterodontus japonicus*	角鲨
鲤科	D 09 01 04 003		
光唇鱼属	D 09 01 04 003 001		
半刺光唇鱼	D 09 01 04 003 001 001	*Acrossocheilus hemispinus*	
厚唇光唇鱼	D 09 01 04 003 001 002	*Acrossocheilus labiatus*	
温州光唇鱼	D 09 01 04 003 001 003	*Acrossocheilus wenchowensis*	
鲤属	D 09 01 04 003 002		
锦鲤	D 09 01 04 003 002 001	*Cyprinus carpio haematopterus*	
鳈属	D 09 01 04 003 003		
华鳈	D 09 01 04 003 003 001	*Sarcocheilichthys sinensis*	花石鲫

（续表）

物种名称	代　码	拉丁名	别　名
小鳈	D 09 01 04 003 003 002	*Sarcocheilichthys parvus*	
唐鱼属	D 09 01 04 003 004		
唐鱼	D 09 01 04 003 004 001	*Tanichthys albonubes*	白云山鱼、金丝鱼
低线鱲属	D 09 01 04 003 005		
丽色低线鱲	D 09 01 04 003 005 001	*Barilius pulchellus*	
斑尾低线鱲	D 09 01 04 003 005 002	*Barilius caudiocellatus*	
滇西低线鱲	D 09 01 04 003 005 003	*Barilius barila*	
长背鲃属	D 09 01 04 003 006		
长背鲃	D 09 01 04 003 006 001	*Labiobarbus lineatus*	
鲟属	D 09 01 04 003 007		
斑马鱼	D 09 01 04 003 007 001	*Danio rerio*	
丽鱼科	D 09 01 04 004		
图丽鱼属	D 09 01 04 004 001		
图丽鱼	D 09 01 04 004 001 001	*Astronotus ocellatus*	地图鱼
神仙鱼属	D 09 01 04 004 002		
大神仙鱼	D 09 01 04 004 002 001	*Pterophyllum scalare*	大鳍帆鱼
横纹神仙鱼	D 09 01 04 004 002 002	*Pterophyllum altum*	
利氏神仙鱼	D 09 01 04 004 002 003	*Pterophyllum leopoldi*	
慈鲷科	D 09 01 04 005		
盘丽鱼属	D 09 01 04 005 001		
绿七彩神仙鱼	D 09 01 04 005 001 001	*Symphysodon aequifasciata*	
鮨科	D 09 01 04 006		
黄鲈属	D 09 01 04 006 001		
双带黄鲈	D 09 01 04 006 001 001	*Diploprion bifasciatum*	黄鲈

（续表）

物种名称	代　码	拉丁名	别　名
鳅科	D 09 01 04 007		
沙鳅属	D 09 01 04 007 001		
突吻沙鳅	D 09 01 04 007 001 001	*Botia rostrata*	
壮体沙鳅	D 09 01 04 007 001 002	*Botia robusta*	军鱼
美丽沙鳅	D 09 01 04 007 001 003	*Botia pulchra*	
薄鳅属	D 09 01 04 007 002		
桂林薄鳅	D 09 01 04 007 002 001	*Leptobotia guilinensis*	
副沙鳅属	D 09 01 04 007 003		
漓江副沙鳅	D 09 01 04 007 003 001	*Parabotia lijiangensis*	
点面副沙鳅	D 09 01 04 007 003 002	*Parabotia maculosa*	
南鳅属	D 09 01 04 007 004		
横纹南鳅	D 09 01 04 007 004 001	*Schistura fasciolatus*	横纹条鳅
刺尾鱼科	D 09 01 04 008		
鼻鱼属	D 09 01 04 008 001		
长吻鼻鱼	D 09 01 04 008 001 001	*Naso unicornis*	天狗倒吊
蝴蝶鱼科	D 09 01 04 009		
蝴蝶鱼属	D 09 01 04 009 001		
朴蝴蝶鱼	D 09 01 04 009 001 001	*Chaetodon modestus*	荷包鱼
人字蝶	D 09 01 04 009 001 002	*Chaetodon auriga*	
四眼蝶	D 09 01 04 009 001 003	*Chaetodon capistratus*	
攀鲈科	D 09 01 04 010		
攀鲈属	D 09 01 04 010 001		
攀鲈	D 09 01 04 010 001 001	*Anabas testudineus*	
财神鱼属	D 09 01 04 010 002		

（续表）

物种名称	代 码	拉丁名	别 名
血鹦鹉	D 09 01 04 010 002 001	*Cichlasoma synspilum×C. citrinellum*	财神鱼
匙吻鲟科	D 09 01 04 011		
匙吻鲟属	D 09 01 04 011 001		
匙吻鲟	D 09 01 04 011 001 001	*Polyodon spathula*	
鲀科	D 09 01 04 012		
鲀属	D 09 01 04 012 001		
绿河鲀	D 09 01 04 012 001 001	*Tetraodon nigroviridis*	
箱鲀科	D 09 01 04 013		
角箱鲀属	D 09 01 04 013 001		
角箱鲀	D 09 01 04 013 001 001	*Lactoria cornutus*	
胭脂鱼科	D 09 01 04 014		
胭脂鱼属	D 09 01 04 014 001		
胭脂鱼	D 09 01 04 014 001 001	*Myxocyprinus asiaticus*	
鹦嘴鱼科	D 09 01 04 015		
鹦嘴鱼属	D 09 01 04 015 001		
灰鹦嘴鱼	D 09 01 04 015 001 001	*Scarus sordidus*	地瓜鱼
骨舌鱼科	D 09 01 04 016		
硬骨舌鱼属	D 09 01 04 016 001		
金龙鱼	D 09 01 04 016 001 001	*Scleropages formosus*	
珍珠龙鱼	D 09 01 04 016 001 002	*Scleropages jardinii*	
巨骨舌鱼属	D 09 01 04 016 002		
巨骨舌鱼	D 09 01 04 016 002 001	*Arapaima gigas*	海象鱼
骨舌鱼属	D 09 01 04 016 003		
银龙鱼	D 09 01 04 016 003 001	*Osteoglossum bicirrhosum*	

（续表）

物种名称	代　码	拉丁名	别　名
黑龙鱼	D 09 01 04 016 003 002	*Osteoglossum ferrerai*	
异耳骨舌鱼属	D 09 01 04 016 004		
非洲龙鱼	D 09 01 04 016 004 001	*Heterotis niloticus*	
雀鳝科	D 09 01 04 017		
雀鳝属	D 09 01 04 017 001		
长吻雀鳝	D 09 01 04 017 001 001	*Lepisosteus osseus*	鸭嘴鳄
短吻雀鳝	D 09 01 04 017 001 002	*Lepisosteus platostomus*	短嘴鳄
花鳉科	D 09 01 04 018		
花鳉属	D 09 01 04 018 001		
孔雀鱼	D 09 01 04 018 001 001	*Poecilia reticulata*	孔雀花鳉
角齿鱼科	D 09 01 04 019		
澳洲肺鱼属	D 09 01 04 019 001		
澳洲肺鱼	D 09 01 04 019 001 001	*Neoceratodus forsteri*	
弓鳍鱼科	D 09 01 04 020		
弓鳍鱼属	D 09 01 04 020 001		
弓鳍鱼	D 09 01 04 020 001 001	*Amia calva*	
齿蝶鱼科	D 09 01 04 021		
齿蝶鱼属	D 09 01 04 021 001		
齿蝶鱼	D 09 01 04 021 001 001	*Pantodon buchholzi*	飞蝶鱼
驼背鱼科	D 09 01 04 022		
驼背鱼属	D 09 01 04 022 001		
大口驼背鱼	D 09 01 04 022 001 001	*Chitala chitala*	
魟科	D 09 01 04 023		
沙粒魟属	D 09 01 04 023 001		
非洲沙粒魟	D 09 01 04 023 001 001	*Urogymnus africana*	

（续表）

物种名称	代　码	拉丁名	别　名
条尾魟属	D 09 01 04 023 002		
黑斑条尾魟	D 09 01 04 023 002 001	*Taeniura melanospilos*	
节肢动物	D 09 02		
昆虫纲	D 09 02 01		
粪土金龟科	D 09 02 01 001		
粪土金龟属	D 09 02 01 001 001		
紫蜣螂	D 09 02 01 001 001 001	*Geotrupes laeuistriatus*	
实验类	D 10		
脊索动物	D 10 01		
哺乳类	D 10 01 01		
鼬科	D 10 01 01 001		
鼬属	D 10 01 01 001 001		
黄鼬	D 10 01 01 001 001 001	*Mustela sibirica*	黄鼠狼
鼠科	D 10 01 01 002		
家鼠属	D 10 01 01 002 001		
褐家鼠	D 10 01 01 002 001 001	*Rattus norvegicus*	大家鼠
小鼠属	D 10 01 01 002 002		
小家鼠	D 10 01 01 002 002 001	*Mus musculus*	小耗子
仓鼠科	D 10 01 01 003		
中仓鼠属	D 10 01 01 003 001		
金仓鼠	D 10 01 01 003 001 001	*Mesocricetus auratus*	
猴科	D 10 01 01 004		
猕猴属	D 10 01 01 004 001		
猕猴	D 10 01 01 004 001 001	*Macaca mulatta*	猢猴
饲饵类	D 11		

（续表）

物种名称	代　码	拉丁名	别　名
环节动物	D 11 01		
寡毛纲	D 11 01 01		
巨蚓科	D 11 01 01 001		
环毛蚓属	D 11 01 01 001 001		
湖北环毛蚓	D 11 01 01 001 001 001	*Pheretima hupeiensis*	
节肢动物	D 11 02		
甲壳纲	D 11 02 01		
潮虫科	D 11 02 01 001		
鼠妇属	D 11 02 01 001 001		
鼠妇	D 11 02 01 001 001 001	*Porcellio scaber*	潮虫子
昆虫纲	D 11 02 02		
拟步甲科	D 11 02 02 001		
粉虫甲属	D 11 02 02 001 001		
黄粉虫	D 11 02 02 001 001 001	*Tenebrio molitor*	面包虫
家蝇科	D 11 02 02 002		
家蝇属	D 11 02 02 002 001		
家蝇	D 11 02 02 002 001 001	*Musca domestica*	苍蝇